LAND & lecker

Landfrauen und Landmänner
kochen mit Herz und Leidenschaft

Mehr als nur ein Kochbuch

Wir erzählen Geschichten aus dem Leben von Menschen, die unsere Lebensmittel herstellen – ein großes Wort mit viel Verantwortung.

Im Sommer 2009 standen Landfrauen aus Nordrhein-Westfalen für unser WDR Format „Land & lecker“ zum ersten Mal vor der Kamera. Mittlerweile übernehmen auf vielen Höfen bereits die Kinder unserer Kandidatinnen die Betriebe. Seit unserer Jubiläumsstaffel im Jahr 2019 treten bei uns auch „Landmänner“ an. Viele sind echte Kochtalente und ihre Leidenschaft für gutes Essen ist mindestens genauso intensiv wie bei unseren Landfrauen. Dadurch ist unser Blick im Casting noch freier und breiter geworden. Jede und jeder ist willkommen bei „Land & lecker“– das Leben ist bunt!

In der Zwischenzeit haben wir unseren Oldtimerbus gegen E-Bikes getauscht und warten darauf, dass der eines Tages mit Strom fährt und wir ohne Diesel durch die Felder rollen können – alles verändert sich. So sehr wir ihn vermissen, aber unsere Landfrauen und -männer sind gerne unter freiem Himmel unterwegs und genießen die Touren per Rad durch den schönen Westen.

Umwelt, Klima, Nachhaltigkeit, der gute Umgang mit Tieren und Lebensmitteln – das alles sind relevante Themen, in der heutigen Zeit mehr denn je. Durch „Land & lecker“ versuchen wir, Einblicke in die Welt der Lebensmittelproduktion und Landwirtschaft zu vermitteln, die gerade jetzt so wichtig sind. Wie kann mehr Getreide in NRW angebaut werden? Kann man eigenes Sonnenblumenöl gewinnen? Wie sinnvoll sind die Biogasanlagen? Und wie kann ein Bauernhof nachhaltig betrieben werden, um regionale Versorgung weiter zu fördern?

Natürlich geht es um gutes Essen und die Produkte, die in der Region und auf den Höfen produziert werden. Für die Teilnehmer*innen und Zuschauer*innen ist es spannend zu sehen, wie traditionell Senf hergestellt wird, dass Wagyu-Rinder japanischen Ursprungs im Münsterland grasen und dass lachende Ziegen bessere Milch geben – was man auch im Käse schmeckt. Man könnte sagen, hinter jeder Möhre steckt eine Geschichte und in einem glücklichen Tier vielleicht einmal ein gutes Stück Fleisch. Viele unserer Zuschauer*innen schreiben immer wieder, wie wichtig es ihnen ist, dass Tiere gut gehalten werden und nicht nur als „Fleischreserve“ dienen. Wir versuchen, an dieser Stelle genau hinzuschauen und das Leben der Tiere transparent darzustellen. Auch uns ist das Wohl der Tiere wichtig!

Das alles sind Themen, die uns neben den Familiengeschichten am Herzen liegen. Im Mittelpunkt von „Land & lecker“ stehen die Menschen – auch wenn nicht immer nur mit Erfolgsgeschichten. Viele Höfe müssen neue Wege gehen und sind stetig im Wandel. Das hängt von vielen Faktoren ab. Wird der Sommer heiß und trocken? Wie ticken die Konsument*innen? Was macht die Politik? Wir möchten vermitteln, dass es Menschen gibt, die stets versuchen, auf ihrer „kleinen Scholle“ konstruktiv zu bleiben.

„Land & lecker“ ist schon lang keine reine Kochsendung mehr. Unsere Teams verbringen im Sommer viel Zeit auf den Höfen und bekommen einen guten Einblick in den Alltag der Familien. Sie öffnen ihre Häuser und Ställe für uns, freuen sich mit uns auf die kulinarische Reise. Oft sagen sie während der Dreharbeiten – die auch mal anstrengend sind –, dass es sich ein bisschen wie Urlaub anfühlt, im Land unterwegs zu sein. Es ist eine Auszeit, um andere Höfe zu entdecken und sich inspirieren zu lassen – natürlich auch für all diejenigen, die die Staffeln anschauen. Am Ende des Tages entstehen dabei berührende und informative Filme und leckere Ideen.

All das können Sie in diesem Buch nachlesen, das wir bewusst nicht nur Kochbuch nennen möchten, sondern auch ein Heimat- und Genussbuch mit vielen guten Zutaten vom Land. Gute Unterhaltung und natürlich guten Appetit!

Ihre WDR Redaktion

RESERVE GIN
JOS. GARDEN DRY GIN
Nº 01
Nº 02
Nº 03
Nº 04

Vom Münsterland bis Ostwestfalen

Auf geht's zu einer neuen Reise durch den Westen Deutschlands! Alle vier Teilnehmer*innen von Staffel 17 sind an einem Punkt ihres Lebens so mutig gewesen, völlig neue Wege einzuschlagen, und haben ihren jeweiligen Lebenstraum verwirklicht. Die gegenseitigen Besuche haben die Landfrauen und -männer darin bestärkt, ihre Vorstellungen und Ideen umzusetzen, und sie alle haben gezeigt, dass auch Quereinstiege in die Landwirtschaft erfolgreich sein können.

Die „Land & lecker"-Tour der 17. Staffel führt von einer Erklärbäuerin aus Münster über eine Kornbrennerei an der Grenze zum Ruhrgebiet zu einer Hausbootbesitzerin an den Niederrhein. Das Finale findet bei einem Heidelbeerbauern im entschleunigenden Herzen von Ostwestfalen statt.

Annika findet, dass der „normale Stadtmensch“ eindeutig zu wenig über die Herkunft von Lebensmitteln weiß. Anfangs wurde die Erklärbäuerin dafür belächelt, inzwischen ist ihre Plattform auf mehrere Tausend Abonnent*innen angewachsen und wird stetig weiter ausgebaut.

Annika Ahlers

Bauernwissen goes World Wide Web – im Münsterland können dank der Erklärbäuerin auch die Kühe Social Media.

Von den Pumps in die Gummistiefel. Annika Ahlers' Weg zur Landwirtschaft war eher ungewöhnlich und erst über Umwege fand das Stadtkind dorthin. Zu Hause ist sie in Münster – die kreisfreie Stadt in Westfalen ist für sie perfekt und sie wohnt gern hier, da sie kurz vor den Stadttoren auf dem Land leben kann, ohne das Stadtgefühl missen zu müssen. Das Besondere: Die Vollblutbäuerin ist Landwirtin ohne eigenen Betrieb. Ein begonnenes agrarwissenschaftliches Studium war ihr schnell zu theoretisch, darum tauschte sie kurzerhand ihre Pumps gegen Gummistiefel und entschied sich für eine Ausbildung zur Landwirtin. Auf dem Milchviehbetrieb Höhmann in Everswinkeln hat Annika einen Teil ihrer Ausbildungszeit verbracht. Dort sind ihr Arbeit und Tiere so ans Herz gewachsen, dass sie dem Hof bis vor Kurzem die Treue gehalten hat und in Teilzeit dort beschäftigt war. Hier konnte sie ihr Wissen vertiefen, hat die Probleme in der Landwirtschaft ebenso wie die praktischen Herausforderungen kennengelernt. „Seit meiner Ausbildung habe ich gemerkt, was Landwirtschaft eigentlich bedeutet", sagt Annika. An der Arbeit als Landwirtin reizt die 28-Jährige die Vielfalt der Tätigkeiten: auf der einen Seite die Arbeit mit den Kühen und im Stall, auf der anderen Seite große Maschinen zu bedienen und die Tiere draußen zu beobachten.

Live vom Feld ins Netz von Social Media. Wichtig ist der engagierten jungen Frau, in der Landwirtschaft neue Wege zu suchen und sie zu beschreiten. Abseits ihres Teilzeitjobs auf dem Hof ist es ihr Ziel, das Verständnis für Landwirtschaft sowie den direkten Kontakt von Bauern und Verbrauchern herzustellen und zu vertiefen, also Landwirte und Stadtmenschen wieder zusammenzubringen. Diesem Ziel nähert sich Annika durch das Ausschöpfen moderner Kommunikationswege, präziser über einen Web-Hofladen und mithilfe von Social Media. „Ich bin ein Kind aus der Stadt und fühle mich quasi dazu beauftragt, den Städtern zu erklären, wie Landwirtschaft eigentlich funktioniert." So hat die umtriebige Landwirtin die Plattform „Erklärbauer" aufgebaut. Hier bloggt sie mit ihren Mitstreiter*innen zu Themen rund um die Landwirtschaft und das liebe Vieh.

„Das große Ziel ist es, auch das Urprodukt selbst herzustellen."

Sozial, fair, nachhaltig – „Support your local Bauer". Wer sich so intensiv mit der Landwirtschaft seiner Heimat befasst, der kennt sich aus. Daher weiß Annika genau, wo es im Münsterland gute, nachhaltig produzierte, regionale Produkte gibt! Die Idee zum Online-Hofladen „Bauernbox" war für die medienaffine Landwirtin dann ein kleiner Schritt. Verbraucher*innen stellen sich ihre Warenkörbe online individuell zusammen, die Ware wird klimafreundlich mit Lasten-E-Bikes nach Hause oder an einen Boxenstopp zur Abholung geliefert. 2019 hat Annika das Projekt gemeinsam mit acht Höfen und einer Imkerei aus dem Münsteraner Umland gestartet. Nur ein Jahr später konnte der Web-Hofladen Erzeugnisse von mehr als 32 Bauernhöfen mit zeitweise bis zu 1000 Artikeln anbieten. Eine Erfolgsgeschichte, mit der Annika 2020 für den CeresAward, mit dem der Deutsche Landwirtschaftsverlag Landwirt*innen für ihre besonderen Leistungen auszeichnet, nominiert wurde. Inzwischen wird die „Münsterländer Bauernbox e. G." unter anderem vom Open Food Network, einer internationalen Non-profite-Organisation gehostet.

Neben vielen modernen Ideen für ein nachhaltiges, regionales und soziales Miteinander von Erzeuger*innen und Konsument*innen bleibt Annikas großes Ziel ein eigener Betrieb, der Traum vom „großen Ganzen", um mitzugestalten, wo das Essen herkommt.

Das grüne Basilikum bildet als Garnitur einen tollen Kontrast zur Roten Bete im Salat.

Quinoa-Rote-Bete-Salat

mit Feta und Walnüssen

Zutaten für 4 Personen

200 g Quinoa
1 TL Gemüsebrühe (Instant)
500 g gekochte Rote Beten (vorgegart und vakuumiert)
150 g Feta
1 Handvoll frisches Basilikum
1 Handvoll Walnusskerne
6 EL Öl
3 EL Aceto balsamico
1 TL Honig
Salz, Pfeffer aus der Mühle

1. Die Quinoa in einem Sieb unter warmem Wasser abbrausen. In der doppelten Menge Wasser mit 1 TL Gemüsebrühe etwa 15 bis 20 Minuten kochen. Abkühlen lassen.

2. Die Roten Beten grob reiben, den Feta zerbröckeln. Das Basilikum waschen, trocken schütteln, die Blätter abzupfen und hacken, dabei ein paar Blätter zum Garnieren beiseitelegen. Die Walnüsse grob hacken.

3. Das Öl, den Essig und den Honig zu einem Dressing verrühren. Das Dressing mit den Roten Beten vermengen, mit Salz und Pfeffer würzen. Mit dem gehackten Basilikum und dem Feta unter die gekochte Quinoa heben.

4. Den Salat in kleine Gläser füllen und mit den übrigen Basilikumblättern und den gehackten Walnüssen garnieren.

Grünkernwaffeln

an zweierlei Kartoffelpüree mit Apfelmus und Schmandhaube

Zutaten für 4 Personen

Für die Waffeln:
150 g Grünkern
1 Zwiebel
1 EL Öl
Salz
1 EL Gemüsebrühe (Instant)
100 g Möhren
100 g Lauch oder Frühlingszwiebeln
2 Eier (M)
4 EL gehackte Petersilie
½ TL Pfeffer
4 EL Weizenmehl
50 g Hirtenkäse
Butter fürs Waffeleisen

Für das Apfelmus:
2 kg Äpfel
1 EL Rohrohrzucker (nach Belieben)
½ Zitrone

Für die Pürees:
1 kg Kartoffeln
1 kg Süßkartoffeln
Salz
3 EL Butter
½ l Milch
frisch geriebene Muskatnuss

Für die Schmandhaube:
250 g Schmand
1–2 EL gehackte Gartenkräuter
1 TL Pesto

1. Für die Waffeln den Grünkern mittelgrob schroten. Die Zwiebel sehr fein schneiden und 2 Minuten in dem Öl dünsten. 300 ml Wasser, ½ TL Salz, die Gemüsebrühe und den Grünkern zu den Zwiebeln geben, einmal aufkochen und 20 Minuten quellen lassen.

2. Die Möhren putzen, schälen und mittelgrob raspeln. Den Lauch oder die Frühlingszwiebeln putzen, waschen und fein schneiden, mit den Eiern, der Petersilie, 1 TL Salz, Pfeffer, dem Mehl und dem Hirtenkäse zur Grünkernmasse geben und vermengen.

3. Das Waffeleisen erhitzen und mit Butter einfetten. Die Grünkernmasse portionsweise zu Waffeln backen.

4. Für das Apfelmus die Äpfel schälen, vierteln, entkernen und in grobe Stücke schneiden. In 100 ml Wasser mit geschlossenem Deckel etwa 10 bis 15 Minuten köcheln lassen, nach Belieben Zucker dazugeben. Die Zitrone auspressen und unterrühren. Die weich gekochten Äpfel stampfen oder pürieren.

5. Für die Kartoffelpürees die Kartoffeln und die Süßkartoffeln schälen, in Würfel schneiden und separat in Salzwasser 20 bis 25 Minuten kochen. Das Wasser abgießen und jeweils 1 ½ EL Butter dazugeben und schmelzen lassen. Jeweils mit ¼ l Milch auffüllen, sodass die Kartoffeln bedeckt sind, und etwas Muskatnuss darüberreiben. Beide Kartoffelsorten zu einem cremigen Püree stampfen.

6. Für die Schmandhaube den Schmand mit den Gartenkräutern und dem Pesto verrühren.

7. Die Waffeln mit der Schmandhaube, dem Apfelmus und den beiden Kartoffelpürees auf Tellern anrichten und mit Pfeffer bestreuen.

Herrencreme

nach Papas Art

Zutaten für 4 Personen

Für die Eiserschälchen:
1 Vanilleschote
250 g Butter
220 g Zucker
6 Eier (M)
250 g Mehl

Für die Creme:
2 Vanilleschoten
1 l Milch
100 g Puderzucker
6 Eigelbe
60 g Speisestärke
200 g Schlagsahne
20 g Vollmilchkuvertüre
2 cl Rum (54 %)

Außerdem:
Butter fürs Waffeleisen
etwas Zartbitterkuvertüre (nach Belieben)
Früchte und Schokoraspel zum Dekorieren

1. Für die Eiserschälchen die Vanilleschote längs aufschneiden und das Mark mit einem spitzen Messer herauskratzen. Die Butter, den Zucker, das Vanillemark, die Eier und das Mehl zu einem glatten Teig rühren. Wenn möglich, eine Nacht stehen lassen.

2. Für die Herrencreme die Vanilleschoten längs aufschneiden und das Mark herauskratzen. Die Milch aufkochen, den Puderzucker, die Eigelbe und das Vanillemark unterrühren. Die Speisestärke durch ein Sieb zu der Masse hinzufügen, gründlich unterrühren und den Pudding abkühlen lassen. Den Pudding dabei mit Frischhaltefolie abdecken, damit sich keine Puddinghaut bildet und später keine Klümpchen entstehen.

3. Die Sahne steif schlagen. Die Kuvertüre grob raspeln. Den Rum unter die Puddingmasse rühren, die Sahne und die Schokoraspel unterheben.

4. Das Waffeleisen erhitzen und mit Butter einfetten. Den Teig darin portionsweise ausbacken und die fertigen Waffeln im warmen Zustand über eine kleine Schüssel stülpen. Etwa 20 bis 30 Sekunden an die Schüssel drücken, bis die Waffelschälchen abgekühlt sind.

5. Nach Belieben etwas Kuvertüre schmelzen, die Waffelschälchen innen damit bestreichen. Die Kuvertüre kurz antrocknen lassen. Die Creme in die Waffeln füllen und mit Früchten und Schokoraspel dekorieren.

In der Kornbrennerei von Georg und Theres trifft altes Handwerk mit einem guten Schuss Kreativität auf moderne Ideen. Die vielseitigen Spirituosen sind der Beweis dafür, was man aus Getreide herausholen kann, wenn man sich dem Thema mit Leidenschaft widmet.

Georg Glitz-Ehringhausen

Hochprozentiges in dritter Generation – in Werne weht ein neuer Geist durch die Kornbrennerei.

Brennen für das Family Business. Auf dem Hof Ehringhausen in Werne, an der Grenze zwischen Ruhrgebiet und Münsterland, wird seit 700 Jahren Landwirtschaft betrieben. Den Startschuss für die Schnapsbrennerei hat Heinrich, der Großvater von Georg Glitz-Ehringhausen und seiner Schwester Theres, 1962 gegeben. Und schon als Teenager hat der heute 39-Jährige auf dem elterlichen Gut mitgeholfen – seinen ersten Korn brannte er mit 15, damals allerdings ohne weiterführende Absichten. Doch schon während des Studiums ist dem Landwirt die elterliche Brennerei nicht aus dem Kopf gegangen. Auch Theres hatte ursprünglich andere Pläne fürs Leben. Die studierte Modedesignerin ist erst in dem Moment umgekehrt, als klar wurde, dass es an Nachwuchs zum Betrieb der Destille fehlte. Wesentlich schneller fiel bei den Geschwistern im nächsten Schritt der Entschluss, die Familientradition im Team fortzuführen. „Georg und ich haben uns immer schon sehr gut verstanden. Und das klappt sehr gut, weil man weiß, auf wen man sich einlässt … das passt perfekt zusammen", erklärt die 42-Jährige. Das war 2012, seitdem brennen sie gemeinsam für das Family Business in nunmehr dritter Generation Hochprozentiges von höchster Qualität.

Korn kann mehr als hochprozentig. Im Gegensatz zu vielen anderen Schnapsdestillen ist auf Hof Ehringhausen das Hauptgetreide Dinkel, „weil dieses Korn eine ganz tolle Aromatik hat, eine leichte Nussigkeit und eine schöne Milde später im Destillat", klärt Brandmeister Georg auf. Wobei in der Brennerei auch Roggen, Weizen sowie unterschiedlichste Malzsorten zum Einsatz kommen – schließlich möchte man den Kund*innen Vielfalt bieten und zeigen, dass Korn eine vielseitige und wandelbare Spirituose sein kann, wenn man sich dem Thema mit Leidenschaft widmet. „Wir verwenden ausschließlich sortenreines Getreide von Spitzenqualität aus anerkannt ökologischem Anbau. Unser Getreide beziehen wir von regionalen Biobauern, so können wir die Qualität unmittelbar überprüfen", das ist Georg und Theres sehr wichtig. Alle angebotenen Spirituosen sind biozertifiziert. Was die Produktionsschritte angeht, ist ganz vieles liebevolle Handarbeit – sie reicht von der Auswahl des Korns bis hin zur Beschriftung der Etiketten kleinerer Auflagen sowie der Verpackung der Ware. „Das ist einfach so ein Zeichen, da steckt viel Liebe, viel Handwerk drin, das ist unsere Philosophie", erläutert Theres und man glaubt ihr das sofort.

„Wir lieben Dinkel, weil er eine ganz tolle Aromatik hat."

Mit eigener Kreislaufwirtschaft zu Nachhaltigkeit. Die Brände und Liköre sind alle biozertifiziert und die Geschwister legen ebenso viel Wert auf eine nachhaltige Produktionsweise. Durch eine innerbetriebliche Kreislaufwirtschaft spart der Betrieb pro Jahr etwa 16.000 Liter Heizöl ein, was ungefähr 160.000 Kilowattstunden entspricht und womit man jährlich knapp 50 Familienhaushalte mit Strom versorgen könnte. Die Destillen der Brennerei werden über einen eigenen Dampferzeuger beheizt, der durch die Abwärme der hofeigenen Biogasanlage gespeist wird. Hier werden die auf dem Hof entstehenden landwirtschaftlichen Nebenprodukte in thermische Energie umgewandelt. Das ermöglicht eine sehr nachhaltige und umweltschonende Arbeitsweise. Das ist neben der Qualität der Produkte ein Alleinstellungsmerkmal des Hofes.

Ihre hohen Ansprüche an sich selbst und ihre Produktion im Einklang mit der Natur sind für Georg und Theres ein innerer Motor, der sie sicherlich auch weiterhin experimentierfreudig und neugierig auf alles Neue bleiben lassen wird!

Die Bolognese kann gut bereits einen Tag vorher zubereitet werden. Je länger sie zieht, desto besser schmeckt sie.

Ragù alla bolognese vom Rehwild

mit
Spaghetti

Zutaten für 4 Personen

3 rote Zwiebeln
1 weiße Zwiebel
½ Sellerieknolle
2 Fenchelknollen
5 Möhren
3 Lauchstangen
100 ml Olivenöl
3 Knoblauchzehen
700 ml Rotwein
100 g Tomatenmark
ca. 30 Kirschtomaten
500 g Hackfleisch vom Reh
grobes Meersalz
100 g geraspelte dunkle Schokolade (70 % Kakaoanteil)
Ahornsirup
Biokornbrand (z. B. Der kleine Lord N°4)
Zimt
gehackte Petersilie
Schnittlauchröllchen
gehackter Rosmarin
abgezupfte Thymianblättchen
schwarzer Pfeffer aus der Mühle
1 kleine Peperoni (nach Belieben)
400 g Spaghetti
Olivenöl zum Beträufeln
gehobelter Parmesan zum Bestreuen

1. Die Zwiebeln schälen. Sellerie- und Fenchelknollen, Möhren und Lauchstangen putzen und waschen, Sellerie und Möhren schälen. Alles in kleine Würfel schneiden.

2. Die Hälfte des Olivenöls in einem Topf erhitzen. Den Knoblauch schälen, durchpressen und mit den Zwiebeln im Öl anschmoren. Nach kurzer Zeit die Gemüsewürfel dazugeben, kurz mitschmoren. Dann den Rotwein dazugießen und etwas einkochen lassen. Das Tomatenmark unterrühren und die Tomaten dazugeben.

3. Das Rehhack salzen und im restlichen Olivenöl scharf anbraten. Anschließend das Gemüse unterrühren. Die Bolognese mit der Schokolade, etwas Ahornsirup, Kornbrand, Zimt, Kräutern und Pfeffer würzen. Zugedeckt bei schwacher Hitze etwa 2 Stunden köcheln lassen. Wer Schärfe mag, kocht noch eine Peperoni mit. Die Bolognese über Nacht ziehen lassen.

4. Die Nudeln nach Packungsanweisung bissfest garen. Die Bolognese erhitzen und nach Belieben etwas nachwürzen. Die Spaghetti mit der Bolognese auf Tellern anrichten. Nach Belieben mit etwas Olivenöl beträufeln und mit gehobeltem Parmesan bestreuen.

Tipp:
Als Topping passt auch ein frisch zubereiteter Kräuterquark.

Carpaccio

vom Jungbullen mit Zitronengeist-Vinaigrette

Zutaten für 4 Personen

Für das Carpaccio:
4 gut abgehangene Rinderfilets · 100 ml Olivenöl
1 EL Himbeeressig · 1 TL Zitronengeist · 1 TL Ahornsirup
Salz, Pfeffer aus der Mühle · 2 Handvoll Rucola
etwas Zitronengeist zum Besprühen · grobes Meersalz
Kapuzinerkresseblüten oder Veilchen zum Garnieren

Für das geröstete Brot:
50 ml Olivenöl · ½ Knoblauchzehe · 1 Zweig Rosmarin
4 Scheiben Dinkelbrot

1. Für das Carpaccio die Rinderfilets fest in Folie einrollen und etwa 1 Stunde im Tiefkühlfach anfrieren. So lässt es sich später hauchdünn schneiden.

2. Für die Vinaigrette das Öl, den Essig, den Zitronengeist und den Ahornsirup verrühren, mit Salz und Pfeffer würzen.

3. Den Rucola verlesen, waschen und trocken schleudern. Das tiefgefrorene Filet in hauchdünne Scheiben schneiden und jeweils kreisförmig auf Tellern anrichten. Das Fleisch mit etwas Zitronengeist aus einem Zerstäuber besprühen. Je etwas Rucola in der Mitte auftürmen und mit der Vinaigrette beträufeln. Alles mit etwas Pfeffer und grobem Meersalz bestreuen. Mit je 1 Kapuzinerkresseblüte oder Veilchen garnieren.

4. Für die Brotbeilage das Olivenöl mit der halben Knoblauchzehe und dem Rosmarinzweig erhitzen. Die Brotscheiben darin von beiden Seiten kurz goldbraun anrösten. Warm zum Carpaccio servieren.

Tipp:
Dazu passt perfekt ein Gin Tonic.

Parfait

aus Orangen-Eierlikör mit Zwetschgenkompott

Zutaten für 1 Gefrierbox oder Muffinblech

Für das Parfait:
6 ganz frische Eier (M) · 1 Vanilleschote · 50 g Zucker
½ l Orangen-Eierlikör · Salz · 750 g Sahne

Für das Zwetschgenkompott:
ca. 30 Zwetschgen · 150 g Zucker · ½ l Holunderlikör
1 EL Speisestärke · etwas Schlehengeist
Minzeblättchen zum Garnieren

1. Für das Parfait die Eier trennen. Die Vanilleschote längs aufschneiden und das Mark mit einem spitzen Messer herauskratzen. Die Eigelbe mit dem Zucker schaumig schlagen, das Vanillemark und den Orangen-Eierlikör unterrühren.

2. Die Eiweiße mit 1 Prise Salz zu steifem Schnee schlagen. Auch die Sahne steif schlagen, etwas für das Topping beiseitestellen, den Rest mit dem Eischnee unter die Eigelbmasse heben. Die Masse in eine Gefrierbox oder die Mulden eines Muffinblechs füllen und mindestens 6 Stunden tief-kühlen.

3. Für das Zwetschgenkompott die Zwetschgen waschen, entsteinen und vierteln. Den Zucker in einer beschichteten Pfanne leicht karamellisieren, den Holunderlikör unterrühren. Die Zwetschgen dazugeben und aufkochen. Die Speisestärke mit etwas Wasser glatt rühren, unter die Zwetschgen rühren und die Masse damit andicken. Das Kompott mit etwas Schlehengeist geschmacklich abrunden.

4. Jeweils etwas Zwetschgenkompott auf einen Teller geben. Das Orangen-Eierlikör-Parfait aus den Formen stürzen und in die Mitte der Teller setzen. Mit einem Klecks Sahne und Minze garnieren und servieren.

Tipp:
Das übrige Parfait und das restliche Kompott für einen Nachschlag oder am nächsten Tag verwenden.

Nicht gespritzt, aber geschüttelt. Wenn die Ernte der um die 100 verschiedenen Obstbäume auf der Streuobstwiese ansteht, helfen bei Familie Dingebauer alle mit. Das Obst wird nicht gespritzt, aber auch nicht gepflückt, sondern einfach vom Baum geschüttelt und eingesammelt.

Dorothee Dingebauer

Leben, wo andere Urlaub machen – in Wesel wagt eine Familie den Schritt von der Milchwirtschaft zum schwimmenden Bauernhof.

Mutiger Sprung ins kühle Nass. Der Poothenhof in Wesel am Niederrhein, direkt am Diersfordter Waldsee gelegen, ist die Heimat von Dorothee Dingebauer, ihrem Mann Volker sowie den drei Kindern Sören, Hendrik und Nele. Für eingefleischte „Land & lecker"-Fans ist Dorothee eine alte Bekannte, denn die „Wiederholungstäterin" ist bereits im Jahr 2012 als stolze Gewinnerin aus Staffel 2 hervorgegangen. Zu dieser Zeit lebte die Familie noch ausschließlich von der Milchvieh- und Ackerwirtschaft des Hofes, doch seitdem ist einiges passiert. Denn schon damals war das Ehepaar durch den Besuch einer großen Bootsmesse mit dem „Hausbootvirus" infiziert – die dort gesehenen schwimmenden Ferienunterkünfte schienen perfekt zu sein, um direkt vor ihrer Haustür am Ufer des Diersfordter Waldsees, eines der größten Baggerseen am Niederrhein, zu liegen. Der aktuell 200 Hektar große Baggersee wird seit 1961 zur Gewinnung von Rohstoffen genutzt und vergrößert sich deswegen stetig. Dank der durch Rekultivierungsarbeiten entstandenen Biotope bietet er zahlreichen seltenen Tier- und insbesondere Vogelarten Lebensräume.

> „Wir haben die Hausboote entdeckt und dachten, das wäre doch etwas. Und dann reift ja so eine Idee."

Für Träume muss man kämpfen. Ganze zehn Jahre hat es gedauert, bis aus der Idee 2016 Realität werden konnte, alle nötigen Genehmigungen von Landschaftsbehörde, Bauamt und Land inklusive Nutzungsplanänderungen vorlagen und die ersten fünf Hausboote am Seeufer anlegen durften. „Ich freue mich, den Gästen unsere Hausboote zeigen zu können, dass es sich lohnt, für einen Traum zu kämpfen und das Ziel nicht aus den Augen zu verlieren", erzählt die 57-Jährige ob des langen Atems, den sie zur Zielerreichung haben musste, zu Recht mit Stolz. Inzwischen sind drei weitere Hausboote hinzugekommen, die ganzjährig an Gäste vermietet werden. Die Ausdauer hat sich also bezahlt gemacht und man hört die Sicherheit in ihrer Stimme, wenn Dorothee weiter ausführt: „Wenn man an eine Sache glaubt und davon überzeugt ist, dass das gut ist, dann muss man auch ein bisschen mutig sein. Nur so kann man sein Ziel erreichen und am Ende würde man sich ja immer ärgern, wenn man es nicht versucht hätte."

Auch das typische Leben auf dem Bauernhof spielt bei den Dingebauers immer noch eine große Rolle. Die auf der Streuobstwiese wachsenden Äpfel, Birnen und Quitten haben Dorothee und Volker vor 30 Jahren als Erinnerung an den großväterlichen Hof angelegt. Aus den alten rheinischen Apfelsorten wird Saft gemacht, die gewonnene Menge reicht der Familie für ein ganzes Jahr. Um die Ackerwirtschaft mit rund 65 Hektar Anbauflächen und Weiden für das Milchvieh, die sich malerisch um Schloss Diersfordt verteilen, kümmert sich Volker immer noch selbst. Wie sein Großvater und sein Vater hat er Landwirt gelernt. Den Herdzuchtbetrieb für Milchkühe sowie die Milchkühe selbst hat er inzwischen an einen guten Freund der Familie verpachtet. Von den drei Kindern können sich zwei durchaus vorstellen, später ins Familienunternehmen einzusteigen.

Familie Dingebauer liebt das Landleben – für sie gibt es nichts Schöneres, als nach getaner Arbeit vom eigenen Bootssteg direkt ins Wasser zu springen. Und bei so viel Mut und Durchhaltevermögen wird sicher auch der Sprung zu einer Erweiterung des Parks auf zehn Boote gelingen, während die nächste Generation mit neuen Ideen in den Startlöchern steht.

Tatar

vom Hofrind mit Focaccia

Zutaten für 4 Personen

Für die Focaccia:
1 Würfel frische Hefe · 375 g Mehl (Type 550)
1 TL Salz · 50 ml Olivenöl · gehackte Rosmarinnadeln

Für das Tatar:
200 g Rinderfilet · Olivenöl
Saft und abgeriebene Schale von 1 Biozitrone
Meersalz · Pfeffer aus der Mühle
2 EL Schnittlauchröllchen · 100 g Crème fraîche

1. Für die Focaccia die Hefe mit 2 EL lauwarmem Wasser verrühren. Das Mehl in eine Schüssel geben. Mit der Hefe, ¼ l warmem Wasser, dem Salz und 1 EL Olivenöl zu einem zähen, glatten Teig verkneten. Den Teig zugedeckt an einem warmen Ort etwa 30 Minuten gehen lassen.

2. Ein Backblech mit Backpapier belegen. Den Teig darauf etwa 5 Zentimeter dick ausrollen und mit dem restlichen Olivenöl bestreichen. Je nach Raumtemperatur nochmals etwa 30 bis 60 Minuten gehen lassen. Das Volumen sollte sich mindestens verdoppeln.

3. Den Backofen auf 200 °C vorheizen. Mit den Fingern ein paar Vertiefungen in den Teig drücken und etwas Rosmarin darüberstreuen. Das Brot im Backofen etwa 20 Minuten goldbraun backen.

4. Für das Tatar das Filet in feine Scheiben schneiden, dann in feine Streifen und zuletzt in sehr feine Würfel schneiden. Das Fleisch mit etwas Olivenöl, etwas Zitronenschale, etwas Zitronensaft, Meersalz und Pfeffer abschmecken. Kurz vor dem Servieren die Schnittlauchröllchen unterheben.

5. Die Crème fraîche mit etwas Salz und Zitronensaft würzen und mit dem Handmixer oder Schneebesen fest aufschlagen. Das Tatar mit der Crème fraîche servieren und die Focaccia dazu reichen.

Spargelsalat

mit Eiervinaigrette und Heidemilchkäse

Zutaten für 4 Personen

4 Eier (M) · 1 kg grüner Spargel · Salz · 1 EL Senf
1 EL Honig · 2 EL Balsamico bianco · 60 ml Rapsöl
Olivenöl (nach Belieben) · 1 Bund Schnittlauch
50 g Kirschtomaten · 100 g Rucola
100 g gereifter Heidemilchkäse oder Parmesan

1. Die Eier etwa 10 Minuten hart kochen und abschrecken. Den Spargel, wenn nötig, schälen und die holzigen Enden abschneiden. Die Stangen in Salzwasser, je nach Dicke, etwa 2 bis 4 Minuten garen, sie sollten noch knackig sein.

2. In einer Salatschüssel den Senf, den Honig, den Essig und etwas Salz verrühren. Das Rapsöl langsam unter kräftigem Rühren dazugeben, sodass eine Emulsion entsteht. Nach Belieben mit etwas Olivenöl, Salz und eventuell noch etwas Honig würzen.

3. Die Eier pellen und in feine Würfel schneiden. Den Schnittlauch waschen, trocken schütteln und in feine Röllchen schneiden. Die Kirschtomaten waschen und vierteln. Eier, Kräuter und Tomaten zur Vinaigrette geben und alles vermischen.

4. Den Rucola verlesen, waschen und trocken schleudern. Den Spargel auf Tellern anrichten, mit der Vinaigrette beträufeln und mit dem Rucola garnieren. Den Käse darüberhobeln.

Tipp:
Das Gericht kann kalt wie warm genossen werden und eignet sich als Vor- oder Hauptspeise.

Gebratenes Zanderfilet

mit Ofengemüse und Perlgraupen

Zutaten für 4 Personen

Für das Ofengemüse:
2 Rote Beten
Rapsöl · Salz
2 Möhren
2 lila Möhren
1 Rettich
2 Petersilienwurzeln
2 Kohlrabi
Pfeffer aus der Mühle
50 g Honig
2 EL Balsamico bianco
1 TL Thymianblättchen

Für die Perlgraupen:
3 Schalotten
½ Knoblauchzehe
1 EL Rapsöl
200 g Perlgraupen
300 ml Gemüsebrühe
200 g Sahne
geriebener Parmesan (nach Belieben)

Für die Beurre blanc:
2 Zwiebeln
200 ml trockener Weißwein
200 ml Gemüsebrühe
200 g Sahne
Salz
Zitronensaft
Safranfäden (nach Belieben)
100 g kalte Butter

Für den Fisch:
4 Zanderfilets (à ca. 150 g; mit Haut)
Salz, Pfeffer aus der Mühle
etwas Mehl
ca. 50 g Butter

1. Die Roten Beten ungeschält mit etwas Öl und Salz einreiben, in Folie einwickeln und etwa 1 Stunde marinieren.

2. Den Backofen auf 180 °C vorheizen. Für das Ofengemüse die Roten Beten und das restliche Gemüse schälen, alles in Stücke schneiden und auf ein Backblech legen. Mit Salz und Pfeffer würzen, mit etwas Rapsöl beträufeln. Den Honig, den Essig und etwas Salz mit 50 ml Wasser aufkochen und etwas einköcheln lassen, den Thymian unterrühren und die Marinade beiseitestellen.

3. Für die Perlgraupen die Schalotten schälen, in feine Würfel schneiden und mit der Knoblauchzehe in dem Öl anschwitzen. Die Perlgraupen dazugeben, die Brühe und die Sahne dazugießen und einmal aufkochen. Die Graupen in eine Auflaufform füllen und mit Alufolie abdecken.

4. Das Ofengemüse auf die mittlere Schiene in den Backofen schieben und etwa 15 bis 25 Minuten bissfest garen. Die Perlgraupen unten in den Backofen stellen und etwa 16 Minuten garen.

5. Für die Beurre blanc die Zwiebeln schälen und in Würfel schneiden. Zusammen mit dem Weißwein aufkochen und so lange reduzieren, bis fast nichts mehr von der Flüssigkeit vorhanden ist. Die Brühe dazugießen und auf die Hälfte einkochen. Die Sahne dazugießen, heiß werden lassen und die Sauce durch ein Sieb passieren. Mit Salz und etwas Zitronensaft abschmecken. Nach Belieben etwas Safran dazugeben, dafür die Safranfäden am besten vorher in etwas Wasser einlegen. Zuletzt die kalte Butter stückchenweise unter die Sauce rühren.

6. Die Zanderfilets waschen und trocken tupfen. Mit Salz und Pfeffer würzen, mit etwas Mehl bestäuben. Die Butter zerlassen und den Fisch auf der Hautseite etwa 7–8 Minuten anbraten. Die Fischfilets wenden und etwa 2 bis 3 Minuten in der warmen Pfanne ziehen lassen.

7. Vor dem Anrichten die Marinade über das Ofengemüse geben. Nach Belieben etwas Parmesan unter die Graupen rühren. Das Ofengemüse und die Graupen mit dem Zander auf Tellern anrichten. Den Fisch mit der Buttersauce begießen.

Mit frischen, selbst gepflückten Erdbeeren wird die Nachspeise besonders aromatisch.

Vanillekuchen

mit Erdbeereis
und Mascarpone-Vanille-Creme

Zutaten für 1 Kuchen mit Eis- und Cremebeilage

Für das Erdbeereis:
1 l Erdbeerpüree
1 kg Sahne
16 Eigelbe
500 g Zucker
Saft von 1 Zitrone

Für den Vanille-Olivenöl-Kuchen:
2 Vanilleschoten
3 Eiweiße
Salz
190 g Zucker
2 Eigelbe
2 EL Zitronensaft
115 g Mehl
160 ml Olivenöl
Fett für die Springform

Für die Mascarpone-Vanille-Creme:
1 Vanilleschote
500 g Mascarpone
80 g Sahne
80 g Puderzucker
etwas Saft und abgeriebene Schale von 1 Biozitrone
Erdbeeren zum Garnieren

1. Für das Erdbeereis das Erdbeerpüree mit der Sahne aufkochen. Die Eigelbe und den Zucker verrühren und die Erdbeersahne dazugeben. In einer Schüssel über dem warmen Wasserbad cremig aufschlagen. Etwas abkühlen lassen. Den Zitronensaft unterrühren. Die Masse in eine Eismaschine füllen und nach Gebrauchsanweisung fest werden lassen. Bis zur Verwendung in den Gefrierschrank stellen. Wer keine Eismaschine besitzt, friert die Masse über Nacht in einer Schüssel oder Gefrierbox ein.

2. Für den Kuchen den Backofen auf 160 °C vorheizen. Eine Springform einfetten. Die Vanilleschoten längs aufschneiden und das Mark mit einem spitzen Messer herauskratzen.

3. Die Eiweiße mit 1 Prise Salz schaumig schlagen, dann langsam 55 g Zucker einrieseln lassen und so lange weiterrühren, bis das Eiweiß weiße Spitzen schlägt. Das Vanillemark mit 115 g Zucker, den Eigelben und dem Zitronensaft in einer Rührschüssel verquirlen. Das gesiebte Mehl hinzufügen. Dann das Olivenöl einlaufen lassen und unterrühren. Den Eischnee in drei Etappen unterheben.

4. Den Teig in die Backform füllen und etwa 25 bis 30 Minuten auf der mittleren Schiene backen. Den restlichen Zucker mit 1 Prise Salz mischen und über den fertigen Kuchen streuen.

5. Für die Creme die Vanilleschote längs aufschneiden und das Mark mit einem spitzen Messer herauskratzen. Den Mascarpone mit der Sahne und dem Puderzucker schaumig schlagen. Mit dem Vanillemark, etwas Zitronensaft und Zitronenschale abschmecken.

6. Den Kuchen in Stücke schneiden, mit der Creme und dem Erdbeereis auf Tellern anrichten und mit ein paar frischen Erdbeeren garnieren.

Die „Teichhofschmiede", wie Ben und Frauke das denkmalgeschützte Gut getauft haben, ist für die ehemaligen Frankfurter ein Ort der kreativen Vielfalt, ihr eigenes kleines entschleunigendes Paradies. Die Freude an ihren Erzeugnissen genießen sie dabei in vollen Zügen.

Ben Siegmund

Wenn der Hufschmied einen Neuanfang als Heidelbeerbauer wagt – in Herford leben zwei Ex-Großstädter ihren Traum vom Paradies.

Mit Mut in die persönliche Freiheit. Mit der Anmietung eines alten Bauernhofes im Herzen Ostwestfalen-Lippes, umgeben von Wäldern und Fischteichen, haben sich Ben und Frauke Siegmund einen Lebenstraum erfüllt. Hier, im Herforder Stadtteil Schwarzenmoor auf einem denkmalgeschützten Gut, haben sie den Platz, die Natur, die Tiere, die Ruhe, die Freiheit und die Entfaltungsmöglichkeiten gefunden, die sie sich zuvor in der Großstadt gewünscht hatten. Entdeckt hat das Paar den alten Hof bei eBay Kleinanzeigen, nur zwei Tage später stand ihr Entschluss fest, den schon länger gehegten Wunsch Wirklichkeit werden zu lassen. Ganz schön mutig, denn keiner der beiden besaß landwirtschaftliche Vorkenntnisse.

„Es ist immer wieder eine große Freude, das eigene Produkt zu genießen."

Stück für Stück haben sich der gelernte Hufbeschlaglehrschmied und die Grafikdesignerin ihre neue Existenz auf dem Land selbst erarbeitet, wobei beide nach wie vor in ihren ursprünglichen Berufen tätig sind, weil ihre Arbeit auf dem Hof (noch) nicht zur Kostendeckung reicht. Eine umweltzertifizierte Ferienwohnung auf dem Hof, in der naturbegeisterte Gäste aus der ganzen Welt verweilen, trägt inzwischen ebenso zum Einkommen bei wie die Herforder Naturseifenmanufaktur von Frauke, in der feinste Seifen in Bioqualität hergestellt werden.

Wenn Schafe zum Samentaxi werden. Eine kleine Schafherde kümmert sich um die Pflege ihrer Weiden rund um den Hof. Für ihre Bienen legt das Paar im Frühjahr Blühstreifen an, anschließend dürfen die Schafe dieses Schmankerl in ihrer Funktion als „Samentaxi" abgrasen. Wie das funktioniert, erklärt die 55-Jährige folgendermaßen: „Wenn die Schafe durch das Blühstreifenfeld gehen, sammeln sie mit ihrer Wolle die Samen der Pflanzen auf und verteilen sie auf der übrigen Fläche." Einmal im Jahr werden die Schafe geschoren. Mit der nicht so sauberen Wolle mulcht Ben die Obstbäume. „Das hat zwei super Effekte für den Baum. Zum einen hält es die Feuchtigkeit direkt am Baum unter der Wolle, zum zweiten ist es so, dass die Wolle wie ein Langzeitdünger wirkt", klärt der 47-Jährige auf.

Neue landwirtschaftliche Sinngebung für den alten Hof. Die Erträge, die die Apfel-, Quitten- und Zwetschgenbäume liefern, werden von Ben und Frauke komplett verwertet – das eigene Produkt zu genießen bedeutet für sie pure Freude. Seitdem sie auf dem Hof leben, tut das Ehepaar viele Dinge, über die es sich vorher keine Gedanken gemacht hat und sich nicht vorstellen konnte. Ben hat aus alten Paletten Hochbeete gebaut, in denen das eigene Gemüse wächst. Nachhaltigkeit ist für ihn und seine Frau ein wichtiges Thema. Im Herbst 2019 haben beide ihren Traum von einer eigenen Heidelbeerplantage verwirklicht und 360 Heidelbeersträucher gesetzt – alles bio und offiziell Demeter-zertifiziert, versteht sich von selbst. Die Verpackungen für die Heidelbeeren hat Frauke natürlich selbst designt. Und wäre das alles nicht schon ganz schön viel, lässt das Paar auf dem Hof zusätzlich Yoga-Retreats, Konzerte, Lesungen, Literaturcamps, NABU-Treffen, Workshops, Kindergeburtstage und Obstbaumschnittkurse stattfinden.

Wo Kreativität mit so viel Begeisterung, Engagement und Liebe aufeinandertrifft, sind auch neuen Themen und Ideen kaum Grenzen gesetzt. Man darf also mit Spannung und Neugier verfolgen, was bei Ben und Frauke als Nächstes so alles auf und aus der Teichhofschmiede erwächst.

Die Kräuterkruste
ist optisch und geschmacklich
ein echtes Erlebnis.

Lammracks mit Kräuterkruste

an Portweinsauce und kanarische Kartoffeln

Zutaten für 4 Personen

Für das Fleisch:
2 Lammracks (à ca. 400 g)
Salz, Pfeffer aus der Mühle
1 EL Butter
6–8 Zweige Thymian
1 Zweig Rosmarin
3 Stiele Petersilie
2 Knoblauchzehen
2 EL Senf
abgeriebene Schale von 1 Biozitrone

Für die kanarischen Kartoffeln:
1 kg festkochende Kartoffeln
100 g grobes Meersalz

Für die Portweinsauce:
2 Schalotten
300 ml Portwein
85 g Butter
750 ml Lammfond oder Wildfond
evtl. 1 EL Speisestärke
Salz, Pfeffer aus der Mühle

1. Die Lammracks rundherum salzen und pfeffern. Den Backofen auf 80 °C vorheizen. Die Butter in einer Eisenpfanne erhitzen und beide Racks rundherum scharf anbraten – das dauert etwa 4 Minuten. Dann sofort in den Backofen stellen und etwa 1 Stunde nachgaren lassen.

2. Die Kräuter waschen und trocken schütteln. Die Thymianblättchen abzupfen, die Rosmarinnadeln abstreifen und fein hacken, die Petersilie fein hacken. Den Knoblauch schälen und durchpressen. Die Kräuter mit dem Senf, etwas Zitronenschale und dem Knoblauch zu einer Paste vermischen. Die Racks kurz aus dem Backofen nehmen, die Oberseite mit der Paste bestreichen und wieder zurück in den Backofen schieben. Fertig garen lassen.

3. Die Kartoffeln unter fließendem kalten Wasser abbürsten. Einen kleinen Topf zur Hälfte mit Wasser füllen, die Kartoffeln und das Meersalz dazugeben. Zugedeckt zum Kochen bringen, anschließend den Deckel abnehmen. Die Kartoffeln so lange kochen, bis das Wasser komplett verdampft ist. Anschließend noch 20 Minuten bei schwacher Hitze ausdampfen lassen, dabei den Topf gelegentlich leicht schütteln. Es bildet sich eine feine Salzkruste und die Kartoffeln werden schrumpelig – typische kanarische Kartoffeln.

4. Für die Portweinsauce die Schalotten schälen und fein würfeln. Den Bratenansatz der Lammracks mit dem Portwein ablöschen und durch ein Sieb in ein Gefäß gießen. 1 EL Butter in einer Pfanne erhitzen und die Schalotten darin andünsten. Mit dem Bratenjus ablöschen und zur Hälfte einkochen lassen. Den Fond in zwei Portionen dazugeben und jedes Mal etwas einkochen lassen, bis etwa 450 ml Sauce übrig bleiben. Die restliche kalte Butter in Stücke schneiden und mit dem Schneebesen einrühren. Ist die Sauce zu dünnflüssig, die Speisestärke mit etwas Wasser glatt rühren, dann unter die Sauce rühren und kurz aufkochen. Die Sauce mit Salz und Pfeffer abschmecken und warm halten.

5. Vor dem Servieren die Backofentemperatur auf 230 °C erhöhen und die Racks in etwa 6 Minuten, möglichst auf Grillstufe, fertig garen. Die Racks herausnehmen und in dicke Scheiben von 2 bis 3 Knochen aufschneiden. Mit der Sauce und den kanarischen Kartoffeln servieren.

Gefüllte Champignons

mit Kräuter-Schafskäse in Tomatensauce

Zutaten für 4 Personen

Für die Tomatensauce:
180 g getrocknete Tomaten in Öl
90 ml aufgefangenes Öl der getrockneten Tomaten
160 g rote Zwiebeln oder Schalotten
2 Knoblauchzehen
2 Dosen geschälte Tomaten (à 400 g)
3 EL Tomatenmark
2 EL Ahornsirup
Salz, Pfeffer aus der Mühle

Für die Pilze:
12 große Champignons
12 Zweige Thymian
2 Zweige Rosmarin
3 Stiele Petersilie
1 Knoblauchzehe
300 g Schafskäse

1. Für die Tomatensauce die eingelegten Tomaten abtropfen lassen, dabei das Öl auffangen. Die Tomaten in feine Würfel schneiden. Die Zwiebeln und den Knoblauch schälen und fein würfeln.

2. Die Dosentomaten samt Flüssigkeit in einem Topf langsam erwärmen. Die getrockneten Tomaten, die Zwiebeln, den Knoblauch, das Tomatenmark, den Ahornsirup und das aufgefangene Öl unterrühren und bei mittlerer Hitze etwa 15 Minuten einkochen lassen. Zwischendurch umrühren. Mit Salz und Pfeffer würzen.

3. Die Stiele der Champignons entfernen, die Pilze putzen. Für die Füllung die Kräuter waschen und trocken schütteln. 6 Zweige Thymian beiseitelegen, von den übrigen Zweigen die Blättchen abzupfen. Die Rosmarinnadeln abstreifen und fein hacken. Die Petersilie fein hacken. Den Knoblauch schälen und durchpressen.

4. Den Schafskäse zerbröseln und mit den zerkleinerten Kräutern und dem Knoblauch gut verrühren. Die Pilze mit der Schafskäsecreme füllen. Den Backofen auf 200 °C vorheizen.

5. Die Tomatensauce in eine Auflaufform geben und die gefüllten Champignons daraufsetzen. Im Backofen etwa 20 Minuten garen. Vor dem Servieren mit dem restlichen Thymian garnieren.

Gefüllte Datteln

mit Walnusskrönchen

Zutaten für 4 Personen

8 Walnusshälften · 1 walnussgroßes Stück Ingwer 2 TL Rohrohrzucker · abgeriebene Schale von 1 Biozitrone · 1–2 Stiele Minze · 50 g Schafsfrischkäse 8 große Datteln · Meersalz nach Geschmack

1. Die Walnüsse in einer Pfanne ohne Fett anrösten. Den Ingwer schälen und fein würfeln. Den Ingwer mit dem Zucker und etwas Zitronenschale unter die Walnüsse rühren. Den Zucker unter Rühren schmelzen, die Pfanne vom Herd nehmen. Die Walnüsse auf Backpapier schütten und vollständig abkühlen lassen.

2. Die Minze waschen und trocken schütteln, die Blätter vom Stiel zupfen und fein hacken. Den Frischkäse mit der gehackten Minze verrühren. Die Datteln entsteinen und mit dem Frischkäse füllen. Je nach Geschmack mit etwas Meersalz bestreuen.

3. Jede Dattel mit 1 Walnusshälfte belegen.

Geschichtete westfälische

Stippmilch

Zutaten für 4 Personen

Für die Pumpernickel-Schicht:
125 g dunkle Schokolade (70 %) · 125 g Pumpernickel
8 cl Portwein

Für das Heidelbeerkompott:
1 Bioorange · 30 g Zucker · 3 Wacholderbeeren
1 Sternanis · 300 g Heidelbeeren

Für die Stippmilch:
1 Vanilleschote · 250 g Sahne · 500 g Speisequark
125 ml Milch · 80 g Zucker

1. Für die Pumpernickel-Schicht die Schokolade fein raspeln, die Pumpernickel fein reiben. Beides mit dem Portwein mischen und über Nacht ziehen lassen.

2. Für das Heidelbeerkompott die Orange heiß abspülen, trocken reiben und zur Hälfte mit einem Sparschäler dünn schälen. Die Orange halbieren und den Saft auspressen.

3. Zucker, Wacholderbeeren, Sternanis, Orangensaft und Orangenschale aufkochen und rühren, bis sich der Zucker aufgelöst hat. Die Heidelbeeren verlesen, waschen und dazugeben. Das Kompott, wenn nötig, nochmal nachsüßen und über Nacht in den Kühlschrank stellen.

4. Für die Stippmilch die Vanilleschote längs aufschneiden und das Mark mit einem spitzen Messer herauskratzen. Die Sahne steif schlagen. Den Quark mit der Milch, dem Zucker und dem Vanillemark glatt rühren. Dann die Sahne unterheben. Die fertige Stippmilch kalt stellen.

5. Vor dem Servieren die Wacholderbeeren, den Sternanis und die Orangeschale aus dem Kompott entfernen. Erst Pumpernickel, dann das Kompott und die Stippmilch lagenweise in Glasschälchen füllen. Die Stippmilch am Ende nach Belieben mit etwas Kompott und Schokoraspel garnieren.

Vom Niederrhein ins Windecker Land

Sechs Teilnehmer*innen laden auf ihre Höfe ein, wo sie teils in alter Familientradition, teils aus neu entdeckter Faszination, aber immer mit frischem Wind Landwirtschaft betreiben. Nach der „Land & lecker"-Runde haben die Landfrauen und -männer von Staffel 18 sich wieder voneinander verabschiedet mit der Erfahrung, dass das Family Business sowie die einfachen Dinge im Leben, vor allem auf dem Land, häufig die besten sind.

Mit dem E-Bike geht es kreuz und quer durch NRW: vom Hanfanbau im Rhein-Sieg-Kreis zu einer Schäferin an den Niederrhein, von einer Wagyu-Zucht im Münsterland zu einer Solawi in Ostwestfalen und von einer Holzrückerin im Windecker Ländchen zu einem Ferienhof ins Sauerland.

Bis vor einigen Jahren war der Hanfanbau in Deutschland kaum ein Thema. Erst in den letzten Jahren haben sich Bauern wie Lukas an die Pflanze herangewagt und die Anbaufläche hat deutlich zugenommen. Der Gesamtanteil an der landwirtschaftlichen Nutzfläche ist aber immer noch sehr gering.

Lukas Tölkes

Glückliche Tiere und rauschfreier Hanf – in Ruppichteroth setzt Familie Tölkes auf artgerechte Haltung und Hanfplantagen.

Ganz oder gar nicht. Das Herz von Familie Tölkes schlägt für Kinder, Tiere, Eier und Hanf. Dies tut es auf Gut Fussberg, einem Hof mit 600-jähriger Geschichte im Rhein-Sieg-Kreis. Rund 50 Kilometer von Köln entfernt im Süden NRWs an der Grenze zu Rheinland-Pfalz leben Lukas und seine Frau Miriam gemeinsam mit den vier Kindern Helene, Leopold, Jasper und Joris.

„Der Hanf ist bei mir die eierlegende Wollmilchsau, ich kann alles nutzen."

Lukas wollte schon immer Bauer werden. Vor etwas mehr als zehn Jahren haben der gelernte Landwirt und seine Frau, die damals 21-jährig mitten im Studium steckte, damit begonnen, sich hier den Traum vom eigenen Biohof zu erfüllen. Schnell merkten sie, dass ein solches Vorhaben nur gelingen kann, wenn beide für dasselbe Ziel brennen. „So etwas funktioniert nur ganz oder gar nicht", weiß Miriam aus der Erfahrung heraus. „Wir haben das völlig unterschätzt", ergänzt der heute 33-Jährige. Etwas naiv, wie sie selbst sagen, waren sie damals davon ausgegangen, nach etwa zwei Jahren mit dem Umbau des Hofes fertig zu sein. Heute wissen sie: Im Grunde ist ein eigener Hof ein Lebensprojekt, denn sie nehmen das, was sie tun, sehr ernst.

Glückliche Tiere, glückliche Landwirte. Dem Paar ist es sehr wichtig, dass hinter ihrer Arbeit ein tieferer Sinn steckt – darum haben sie sich ganz der fairen, natürlichen und artgerechten Tierhaltung, einer nachhaltigen Landwirtschaft sowie der Herstellung von Biolebensmitteln nach den Bioland-Prinzipien verpflichtet: Die Kühe auf dem Hof leben in Mutterkuhhaltung und die Freilandhähnchen toben über die Wiesen. Mit viel Enthusiasmus, modernen Ideen und Fleiß haben sie es geschafft, den Hof nach und nach zukunftsfähig zu machen. Die Mutterkuhherde verbringt die meiste Zeit auf der Weide, aber auch im offenen Stall auf den mit Stroh eingestreuten Liegeflächen gibt es genügend Platz für alle Tiere. Ein weiteres Standbein der Tölkes sind Hühner, untergebracht in mobilen Ställen mit reichlich Freilauffläche. Neben den Legehennen und einer Junghennenaufzucht gibt es aktuell drei Geflügelherden aus insgesamt 500 sogenannten Zweinutzungshühnern – die Hennen liefern die Eier, die Hähnchen werden nach 16 Wochen geschlachtet und dürfen damit bis zu viermal so lange leben wie konventionell gezüchtete Artgenossen.

Rauschfrei zur eierlegenden Wollmilchsau. Zusätzlich zur Tierzucht baut Lukas seit einigen Jahren sehr erfolgreich verschiedene Sorten Hanf an. Für den Biobauern ist er das perfekte Produkt – entgegen landläufiger Meinung enthält Nutzhanf keine Rauschmittel, dafür kann er komplett verarbeitet werden: „Der Hanf ist bei mir quasi die eierlegende Wollmilchsau, er ist gut für den Boden, gut für den Menschen, ich kann alles nutzen", erklärt der Landwirt. Die Körner werden zu Speiseöl, die Blätter zu Tee, aus den Wurzeln lässt sich Schnaps brennen und die Stängel können stabile Stoffe sowie Baumaterialien werden. Nur knapp 900 Landwirte beschäftigen sich derzeit in Deutschland mit Hanf, der Großteil von ihnen sind Biobauern wie die Tölkes. Hier gehört das Paar zu den Pionieren und die Summe aller Veränderungen zeigt, mit wie viel Um- und Weitsicht ein Bauernhof vorangebracht werden kann.

Bis heute sind Lukas und Miriam glücklich mit ihrer damaligen Entscheidung. Ihr Ziel für den Hof ist das einer komplett positiven Energiebilanz. Wer so im Einklang mit sich und der Umwelt lebt, schöpft sicher auch weiterhin Kraft für moderne Ideen.

Hähnchen aus der Erdgrube

mit Einkornrisotto

Zutaten für 4 Personen

Für das Hähnchen:
4 Biohähnchenbrustfilets
2 Bund gemischte Kräuter
Salz
Alufolie
1 Arm voll Gras oder Heu

Für den Einkornrisotto:
1 l Gemüsebrühe
2 Zwiebeln
200 g getrocknete Tomaten
2 EL Olivenöl
500 g Einkorn
Salz, Pfeffer aus der Mühle

1. Ein Lagerfeuer entfachen. Während das Feuer brennt, eine Erdgrube ausheben, etwa 50 x 50 Zentimeter groß und 40 Zentimeter tief. Anschließend den Boden mit Steinen auslegen und mithilfe der Glut des großen Feuers ein kleines in der Grube anschüren.

2. Die Hähnchenbrustfilets waschen und trocken tupfen. 4 Stücke Alufolie von je 30 x 30 cm zuschneiden. Die Kräuter waschen, trocken schleudern und die Hälfte davon jeweils mittig auf die Blätter legen. Das Fleisch leicht salzen und ins Kräuterbett legen. Mit den restlichen Kräutern belegen. Die Alufolie über dem Fleisch einschlagen und daraus kleine Päckchen machen.

3. Aus der Erdgrube die Glut entfernen und die Grube mit Gras auslegen. Die Hähnchenpakete in die Grube legen und mit reichlich Gras bedecken. Etwas Erde darüber verteilen und nun darauf mithilfe von Glut des großen Feuers ein Feuer entfachen. Das Feuer etwa 30 Minuten gut heizen.

4. Für den Risotto die Brühe zubereiten. Die Zwiebeln schälen und fein würfeln. Die Tomaten in kleine Stücke schneiden.

5. Den Dutch Oven oder einen Gußeisentopf in die Glut des großen Feuers stellen, für genügend Glut während des Kochens sorgen. Die Zwiebeln im Öl unter Rühren anbraten. Das Einkorn zugeben und unter Rühren rösten, bis es leicht braun ist. Nach und nach die Gemüsebrühe unterrühren. Immer, wenn die Flüssigkeit aufgenommen ist, wieder Brühe unterrühren. So lange Brühe zugeben, bis das Einkorn gar, aber noch bissfest ist. Den Risotto am Ende mit Salz und Pfeffer abschmecken.

6. Nach etwa 35 bis 40 Minuten das Hähnchen aus der Grube holen – vorsichtig, um eine Verschmutzung des Fleisches zu vermeiden. Die Pakete auspacken und das Hähnchen mit dem Einkornrisotto servieren.

Tipps:

· Zum Kochen auf dem Lagerfeuer benötigen Sie eine größere Feuerstelle, die die ganze Zeit brennen muss, weil Sie immer wieder frische Glut benötigen. Planen Sie genügend Zeit ein. Für das Lagerfeuer und die Erdgrube inklusive Vorheizen benötigen Sie etwa 2 ½ Stunden.

· Alternativ können Sie die Hähnchenbrustfilets auch im Backofen zubereiten: Die Hähnchenpakete in eine Auflaufform legen und im vorgeheizten Backofen bei 200 °C etwa 30 Minuten garen.

Quiche

mit Wildkräutern aus dem Dutch Oven

Zutaten für 1 Quicheform mit 24 cm Durchmesser

Für den Teig:
160 g Mehl · 100 g weiche Butter · Salz
Fett für die Form

Für die Füllung:
2 Zwiebeln · 5 getrocknete Tomaten in Öl
300 g saisonale Wildkräuter, z. B. Beinwell, Giersch, Melde, Brennessel, Vogelmiere · 1 EL Öl · 3 Eier (M)
150 g Schmand · 100 g Ziegenfrischkäse · Salz
Hartkäse zum Bestreuen

1. Das Lagerfeuer für den Dutch Oven vorbereiten.

2. Für den Teig das Mehl, 3 EL Wasser, die Butter und etwas Salz zu einem glatten Teig kneten. In einer Schüssel zugedeckt 30 Minuten ruhen lassen.

3. Die Quicheform einfetten. Den Teig mit den Händen in die Quicheform drücken.

4. Für die Füllung die Zwiebeln schälen und in feine Würfel schneiden. Die Tomaten abtropfen lassen und klein schneiden. Die Wildkräuter waschen, trocken schleudern und fein hacken. Die Zwiebeln im Öl in einer Pfanne leicht andünsten. Die Tomaten und die Kräuter zugeben, kurz mitdünsten. Auf dem Quicheboden verteilen.

5. Die Eier, den Schmand und den Ziegenfrischkäse verquirlen, leicht salzen und über die Wildkräuter geben. Mit Hartkäse bestreuen.

6. Einen Dutch Oven vorbereiten, sodass die Quicheform nicht am Boden des Topfes liegt, zum Beispiel ein paar kleine Kiesel auf den Boden legen. Die Quicheform daraufstellen. Den Dutch Oven schließen. Ein Drittel Glut unter den Topf füllen, zwei Drittel Glut auf dem Deckel des Dutch Ovens verteilen. Die Quiche darin etwa 35 bis 40 Minuten backen.

Tipp:
Die Quiche lässt sich natürlich auch im Backofen bei 180 °C zubereiten.

Geräuchertes Eis

mit bergischen Waffeln

Zutaten für 4 Personen

Für das Eis:
500 g Sahne · 1 Vanilleschote · 200 ml Milch
200 ml Ahornsirup · 2 Eier (M) · Salz

Für die Waffeln:
125 g weiche Butter · 150 g Zucker · Salz · 5 Eier (M)
250 g Mehl · 1 Päckchen Backpulver · 250 ml Milch
Fett fürs Waffeleisen

Außerdem:
feuerfestes Waffeleisen

1. Ein Lagerfeuer vorbereiten. Einen Rost neben das Feuer stellen.

2. Für das Eis wird zuerst die Sahne geräuchert. Dafür unter den Rost ein gut angebranntes Stück Holz legen. Die Sahne in einen tiefen Teller schütten und auf den Rost stellen. Wichtig ist eine große Oberfläche für die Sahne, damit sie viel Rauch abbekommt. Über den Teller eine große Metallschüssel stülpen, die als Rauchfang dient. Die Sahne etwa 30 Minuten räuchern. Wichtig ist, dass die Sahne dabei nicht zu stark erhitzt wird.

3. Die Sahne nach dem Räuchern etwas abkühlen lassen. Die Vanilleschote längs aufschneiden und das Mark mit einem spitzen Messer herauskratzen. Das Vanillemark mit der Milch, dem Ahornsirup, den Eiern und 1 Prise Salz zur Sahne geben. Die Masse unter ständigem Rühren über dem Feuer erhitzen, aber auf keinen Fall aufkochen, sonst stocken die Eier. Die Masse abkühlen lassen und in eine Form gießen. Im Gefrierschrank etwa 24 Stunden tiefkühlen.

4. Für die Waffeln wieder ein Lagerfeuer vorbereiten.

5. Die Butter mit dem Zucker, 1 Prise Salz und den Eiern schaumig rühren. Das Mehl und das Backpulver vermischen und nach und nach mit der Milch unter den Teig rühren.

6. Das Waffeleisen in der Glut gut vorheizen, mit etwas Butter einfetten und den Waffelteig darin portionsweise ausbacken. Wichtig: An die Hitze langsam herantasten, denn ist das Waffeleisen zu kalt, wird der Teig nicht fest, ist es zu heiß, verbrennen die Waffeln schnell.

7. Die Waffeln auf Teller geben und mit einer Kugel geräuchertem Eis servieren.

An Ideen mangelt es Schäferin Dunja bestimmt nicht: Ihr Traum ist es, noch mehr gute Lebensmittel selbst herzustellen, Milchschafe zu halten, eine kleine Käserei zu betreiben und anderen Menschen die Möglichkeit zu geben, „in ökologisch sinnvoller Landwirtschaft mitzuarbeiten“.

Dunja Berendsen

Die Natur erlebbar machen – im Ruhrgebiet hat die Schäferin mit ihrer Familie ein Biotop abseits des Alltagstrubels geschaffen.

Aufs Schaf gekommen. Dunja Berendsen ist am ländlichen Stadtrand aufgewachsen, träumte aber schon früh vom Bauernhofleben. Als Erwachsene begann die Idee durch drei Flaschenlämmer zu einer Zeit Gestalt anzunehmen, als sie noch Bürokauffrau war. Aus den Lämmern ist eine stattliche Herde Coburger Fuchsschafe geworden, den Bürojob hat die 51-Jährige durch ihre Arbeit als Schäferin eingetauscht: „Meine Eltern fanden es wichtig, etwas ganz Sicheres zu haben … aber Bürokauffrau war so gar nicht meines. Schäferei ist es einfach für mich." Nicht nur Dunja hat Freude an ihrem Tun, auch ihr Mann Stefan und die Kinder Marla und Lennart kümmern sich mit Liebe um die Tiere. Bei den Dreharbeiten taten sie dies noch auf dem Naturhof in Witten, den sie 2015 bezogen hatten. Jedoch wurde der Hof schnell zu klein, und weil so auch die Zukunftsaussichten für die Kinder wenig ausbaufähig waren, beschloss die Familie im August 2021, den Hof in Witten zu verlassen und ihre Arbeit auf dem Naturhof Kevelaer am Niederrhein fortzuführen.

Hier wie dort lag und liegt Familie Berendsens Fokus darauf, die Natur zu erhalten und ihren Besucher*innen Tiere wie Pflanzen näher zu bringen. Neben den Schafen gibt es natürlich noch mehr Schützenswertes auf dem Hof, zum Beispiel Orpington-Hühner und Laufenten. „Die alten Rassen sind das Ergebnis eines langen Entwicklungsprozesses und damit ein schützenswertes Kulturgut", erklärt Dunja. „Ich finde es einfach ganz wichtig, solche alten, vom Aussterben bedrohten Rassen zu erhalten. Sonst wäre es ja unwiederbringlich verloren, das wäre sehr schade." Und jede der Tierarten gibt ihren Teil zurück: Hühner und Laufenten bedanken sich mit besten Eiern, zudem halten sie den Hof wunderbar schneckenfrei. Das Hühnerfutter produziert das Paar übrigens in einer Madenproduktion selbst.

Die wichtigste Aufgabe der Schafherde ist die Landschaftspflege im Sinne des Naturschutzes. Die tierischen Rasenmäher sorgen durch Beweidung von Ausgleichsflächen, Streuobstwiesen und Naturschutzgebieten dafür, dass sie nicht verwildern. Außerdem dienen sie als Samentransporteure für allerlei Pflanzenarten und helfen durch ihr Grasen den heimischen Pflanzen, sich unter anderem gegen invasive, nicht heimische Pflanzen, wie den Riesen-Bärenklau, zu behaupten. Flächen, die durch Schafe gepflegt werden, sind durch deren besonderen Tritt und Biss überdies besonders gut gefestigt. So sind sie vor Erosion durch Wind und Wasser geschützt. Das auf diese Art gepflegte Grünland produziert Sauerstoff, entzieht der Atmosphäre CO_2 und sorgt dadurch für den immer wichtiger werdenden Klimaschutz.

> „Schäferei ist es einfach für mich. Ich kann mir nicht vorstellen, ins Büro zurückzugehen."

Pflanzen und Tiere für alle erlebbar machen – als Naturpädagogin ist es Dunja wichtig, ihr Wissen und den Spaß am Leben in und mit der Natur weiterzugeben. Schulen, Kitas und Seniorenheime sind zu Ausflügen auf den Hof herzlich willkommen, Ferienprogramme bieten Kindern zahlreiche Berührungspunkte mit Natur und Tieren. Tierpatenschaften ermöglichen Groß und Klein einen persönlichen Bezug, in Hofladen und Webshop bieten die Berendsens verschiedene Produkte rund um das Schaf an. Die Schäferin fasst ihr Tun so zusammen: „Das Ganze ergibt einfach unfassbar viel Sinn. Und das ist das Wichtigste für mich, dass ich morgens aufstehe und ganz viel Sinn in meinem Leben sehe."

Die fernöstlichen Gewürze harmonieren besonders gut mit dem Lamm und bringen Farbe und Aroma auf den Teller.

Lammcurry

mit Dal und Basmatireis

Zutaten für 6 Personen

Für das Curry:
5 EL Öl
3 Lorbeerblätter
1 schwarze Kardamomkapsel
1 Zimtstange
10 Pfefferkörner
6 Nelken
300 g Zwiebeln, fein gewürfelt
25 g frischer Ingwer, gerieben
20 g Knoblauch, fein gewürfelt
1 kg Lammfleisch, in grobe Würfel geschnitten
Salz
½ TL Kurkumapulver
1 ½ TL Korianderpulver
etwas rotes Chilipulver
1 TL Garam Masala
250 g Tomaten, geschält und gewürfelt

Für das Dal:
300 g rote Linsen
3 Knoblauchzehen, fein gewürfelt
3 Scheiben Ingwer, fein gewürfelt
¾ TL Kurkumapulver
Salz
6 EL Butter
etwas Chilipulver
1 ½ TL Kreuzkümmelpulver
3 Zwiebeln, geviertelt und in dünne Ringe geschnitten
6 kleine Tomaten, geachtelt

Außerdem:
450 g Basmatireis
Salz
gehacktes Koriandergrün zum Garnieren

1. Das Öl in einem großen Topf erhitzen. Lorbeerblätter, Kardamom und Zimtstange dazugeben. Sobald die Blätter zu brutzeln beginnen, Pfefferkörner und Nelken dazugeben, etwa 1 Minute mitbraten. Die Zwiebelwürfel dazugeben, unter Rühren leicht anschwitzen. Das dauert etwa 15 Minuten.

2. Ingwer, Knoblauch, Lammfleisch und 1 TL Salz dazugeben und bei niedriger Temperatur unter ständigem Rühren etwa 20 Minuten anbraten, dabei immer wieder die Gewürze vom Topfboden kratzen, damit sie nicht anbrennen. Wird es zu trocken, 2 EL Wasser unterrühren.

3. Kurkuma, Koriander, Chili und Garam Masala hineinstreuen und unter ständigem Rühren 5 Minuten mitbraten. Dann die Tomaten und 2 EL Wasser dazugeben und 5 Minuten köcheln lassen. 1 l Wasser dazugießen, noch einmal 15 Minuten kochen lassen. Dann die Hitze reduzieren und das Fleisch bei mittlerer Temperatur gar schmoren.

4. Für das Dal die Linsen in einem Topf mit frischem Wasser mehrmals waschen, bis das Wasser nicht mehr milchig ist. Die Linsen in einem Sieb kurz abtropfen lassen, dann zurück in den Topf schütten. ¼ l Wasser, Knoblauch, Ingwer, Kurkuma und etwa 1 ½ TL Salz unterrühren, einmal aufkochen. Dann die Linsen bei geringer bis mittlerer Hitze etwa 20 bis 30 Minuten kochen. Wenn die Linsen zu trocken werden, etwas Wasser dazugeben.

5. Kurz bevor die Linsen gar sind, die Butter in einer Pfanne erhitzen. Chili und Kreuzkümmel darin kurz anbraten. Anschließend die Zwiebeln dazugeben. Sobald die Zwiebeln eine goldbraune Farbe haben, Tomaten dazugeben und kurz weiterbraten. Die gekochten Linsen dazugeben und etwa 5 bis 10 Minuten kochen lassen.

6. Den Reis wie die Linsen waschen und mit der doppelten Menge Wasser und etwas Salz aufkochen. Zugedeckt etwa 20 Minuten bei geringer Hitze garen. Sobald kein Wasser mehr im Topf ist, den Reis vom Herd nehmen und noch 5 Minuten ziehen lassen.

7. Den Reis mit dem Lammcurry und dem Dal auf Tellern anrichten. Vor dem Servieren mit dem gehackten Koriandergrün bestreuen.

Tipp:
Das perfekte Curry hat eine dicke, sämige Sauce, die an den Fleischstücken haften bleibt. Ist die Sauce zu flüssig, den Deckel vom Topf nehmen und das Curry so lange kochen lassen, bis genug Flüssigkeit verdampft ist.

Allgäuer Seelen

à la Naturhof

Zutaten für 6 Personen

Für 3 Laibe:
500 g Dinkelmehl (Type 630) · 1½ TL Salz
25 g frische Hefe · Chiasamen zum Bestreuen der Brote

1. Das Mehl mit dem Salz, der Hefe und 360 ml lauwarmem Wasser mit den Knethaken des Handmixers oder der Küchenmaschine zu einem glatten Teig kneten. Den Teig in eine Schüssel geben, mit einem Tuch abdecken und an einem warmen Ort etwa 45 Minuten gehen lassen. Der Teig soll dabei auf das 2–3-fache Volumen aufgehen. Kurz vor Ende der Gehzeit den Backofen auf 230 °C Umluft vorheizen und eine hitzebeständige Schale mit Wasser für die gesamte Backzeit auf den Ofenboden stellen. Dadurch wird das Brot knusprig.

2. Ein Backblech mit Backpapier belegen. Den Teig mit feuchten Händen in drei Stücke teilen und jedes Stück in eine baguetteähnliche Form ziehen. Mit etwas Abstand auf das Backpapier legen. Die Laibe mit einem Pinsel mit Wasser bestreichen und mit Chiasamen bestreuen. Durch das Wasser wird das Brot knuspriger und die Samen halten besser.

3. Das Backblech in den Backofen schieben und das Brot 20 bis 25 Minuten backen. Die Kruste darf dabei ruhig eine kräftige Farbe bekommen. Vorsicht beim Öffnen des Backofens, da der heiße Wasserdampf entweicht. Ein Klopftest zeigt, ob das Brot wirklich knusprig und durchgebacken ist: Ist die Unterseite des Brotes dabei noch weich, das Brot noch einmal 5 Minuten auf dem Rost in den Backofen schieben. Die abgekühlten Seelen schmecken gut mit frischer Butter.

Oma Ernestines französische

Schokotarte

Zutaten für 1 Springform mit 26 cm Durchmesser

Für die Schokotarte:
200 g Schokolade (70 % Kakaoanteil) · 200 g Butter
4 Eier (M)· 200 g Rohrohrzucker · 1 Päckchen Vanillezucker
½ Päckchen Backpulver · 200 g gemahlene Mandeln
Salz · 3 EL Mehl (falls nötig) · Fett für die Springform

Für das Beerenkompott:
1 kg gemischte Beeren, z. B. Himbeeren, Johannisbeeren, Blaubeeren, Brombeeren · 200 ml Apfelsaft
1 Päckchen Vanillepudding · 25–50 g Rohrohrzucker

Außerdem: geschlagene Sahne

1. Den Backofen auf 160 °C vorheizen. Eine Springform einfetten.

2. Für die Tarte die Schokolade mit der Butter in einer Schüssel über dem warmen Wasserbad langsam schmelzen lassen. Die Eier mit dem Zucker schaumig schlagen, den Vanillezucker, das Backpulver, die Mandeln und 1 Prise Salz dazugeben. Alles mit der flüssigen Schokoladenbutter mischen. Nur wenn der Teig sehr flüssig ist, 3 EL Mehl dazugeben. Den Teig in die Springform geben und im Backofen auf der mittleren Schiene etwa 50 Minuten backen. Am besten nach der Hälfte der Backzeit abdecken, damit der Kuchen nicht zu dunkel wird.

3. Für das Beerenkompott die Beeren verlesen und waschen. 6 EL Apfelsaft mit dem Puddingpulver verrühren. Die Beeren mit dem restlichen Apfelsaft in einen Topf geben und etwa 10 Minuten köcheln lassen. Dabei immer wieder umrühren. Das angerührte Puddingpulver dazugeben und noch 1 weitere Minute unter ständigem Rühren köcheln lassen. Das Kompott nach Belieben zuckern.

4. Die Schokotarte in Stücke schneiden, mit dem Kompott und 1 Klecks Schlagsahne servieren.

Als Patrick mit der Zucht begann, gab es Wagyu-Rinder fast nur in Japan, Australien und den USA, allerdings noch kaum im europäischen Raum. Als mutiger Visionär kaufte er deshalb in Amerika fünf eingefrorene Embryonen und ließ diese von heimischen Leihmutterkühen austragen.

Patrick Balster

Wo edle Asiaten auf saftigen Weiden im Münsterland grasen – in Selm züchtet Familie Balster japanische Wagyu-Rinder.

Gechillte Rinderzucht in Familientradition. Rinder werden auf dem von 30 Hektar Acker- und Grünland umgebenen Hof der Familie Balster in Selm an der Grenze zum Ruhrgebiet schon immer gezüchtet. Seit Patrick den Betrieb seiner Eltern 2010 übernommen hat, leben hier allerdings aus Japan stammende Wagyus. Inzwischen ist die edle Herde auf stattliche 135 charakterstarke, gechillte Rinder angewachsen. „Das ist für mich auch so ein kleiner Ruhepol, die Tiere zu beobachten. Mit meinen beiden Jungs mache ich das abends gerne", schwärmt der studierte Landwirt. Wenn Patricks Frau Susanne nicht ihrem Job als Physiotherapeutin nachgeht, hilft sie mit den beiden Söhnen Lukas und Paul gern mit: „Ich mag das, einfach draußen zu sein und mit den Tieren zu arbeiten … das Schöne daran, ich muss das nicht regelmäßig tun, ich habe hier den Luxusjob auf dem Hof", verrät sie augenzwinkernd.

> „Die Neugier an dieser Rasse war irgendwann so groß, dass ich mit ersten Embryonen angefangen habe."

Das Besondere am edlen Fleisch der Wagyus ist die recht ausgeprägte Marmorierung, die sich – anders als bei anderen Rassen – in feinsten Fettadern durch das gesamte Fleisch zieht. Das Wagyu-Fett enthält mit Omega 3 und Omega 6 viele ungesättigten Fettsäuren, die für die gesundheitsbewusste Ernährung eine Rolle spielen. Als Geschmacksträger macht es das Fleisch durch seine feine Verteilung unfassbar zart und sorgt beim Verzehr für ein besonderes Mundgefühl. Verständlich also, dass das Fleisch der Wagyus zu den teuersten der Welt zählt. „Irgendwann war die Neugierde an dieser Rasse so groß, dass ich damit angefangen habe", erzählt der 47-Jährige. Seitdem hat die ganze Familie das Wagyu-Fieber gepackt. Die exklusive Rinderrasse kommt ursprünglich aus Japan. Stammen die Tiere aus der dortigen Region um Kobe, werden sie unter der gleichnamigen Bezeichnung verkauft – man kennt diesen Schutz von Ursprungsbezeichnungen in Europa von italienischem Hartkäse oder französischem Schaumwein.

Die meiste Zeit des Jahres leben die Tiere auf den Wiesen rund um den Hof und ernähren sich von frischem Gras. Daneben wird mit Mais- und Grassilage sowie Zuckerschnitzeln zugefüttert. Seine Qualität erhält das Fleisch natürlich nicht nur durch Rasse und Fütterung, sondern auch durch die verantwortungsbewusste, nachhaltige Zucht mit viel Bewegung für die Tiere sowie durch Hofschlachtung ohne Transportstress.

Mit Blumenwiesenpaten zu Biodiversität. Aber auf dem Hof gedeiht noch mehr als sanftmütige Wagyus. In Zeiten, in denen der Ruf nach Artenvielfalt und Biodiversität immer lauter wird, bauen die Balsters auf Teilen ihrer Hoffläche Kräuter und verschiedene Blumen mit unterschiedlichen Blühzeiten an – verschiedenste Insekten, Vögel und Kleintiere finden hier den idealen Lebensraum. „Wenn man sieht, wie gut das angenommen wird, denkt man über vieles nach", so Patrick. Wer mitmachen möchte, kann als Privatperson, Kita, Schulklasse oder Firma für wenig Geld eine Blumenwiesenpatenschaft übernehmen. Und das möchten viele, ihre Zahl hat sich zwischen 2019 und 2021 fast verdoppelt, die Wiese ist inzwischen stattliche 2,7 Hektar groß.

Zuchtziel ist es, die beste Wagyu-Herde Europas aufzubauen. In Patricks Lebenstraum kann die Familie irgendwann im Haupterwerb davon leben. Bei der begeisterten Ernsthaftigkeit, mit der sie ihre Rinder und die Natur pflegen, sollte dieses Ziel erreichbar sein.

Diese beiden Schmorgerichte ergänzen
sich auf dem Teller perfekt, können
aber auch einzeln genossen werden.

Tafelspitz und Roulade

vom Wagyu-Rind

Zutaten für 6 Personen

Für den Tafelspitz:
1,2 kg Tafelspitz (am besten vom Wagyu-Rind)
Salz, Pfeffer aus der Mühle
1 Knoblauchzehe, fein gewürfelt
2 Zweige Rosmarin, fein gehackt

Für die Rouladen:
½ Knollensellerie
2 große Möhren
½ Stange Lauch
½ Zwiebel
3 ½ EL Wagyu-Fett (ersatzweise Butterschmalz)
Meersalz, Pfeffer aus der Mühle
1 Scheibe Toast
6 Rouladen (à 150 g; am besten vom Wagyu-Rind)
Pfeffer aus der Mühle
6 TL grober Senf
12 Scheiben Bacon (am besten vom Wagyu-Rind)
1 EL Tomatenmark
½ EL Wacholderbeeren
½ EL Pfefferkörner
300 ml Bier
250 ml Portwein
500 ml Kalbsfond
2 Zweige Rosmarin
2 Zweige Thymian
2 EL Speisestärke

Außerdem:
Zahnstocher zum Fixieren

1. Für den Tafelspitz den Backofen auf 150 °C Umluft vorheizen. Den Tafelspitz salzen und pfeffern. Mit der Fettkante anbraten, sodass das Fett zum Teil austritt. Dann von allen anderen Seiten scharf und hellbraun anbraten. Auf die Fettkante Knoblauch und Rosmarin verteilen. Das Fleisch mit einem Bratenthermometer bestückt auf den Rost in den Backofen legen, darunter ein Blech, um das Fett aufzufangen. Im Backofen braten, bis die Kerntemperatur 60 °C ist.

2. Für die Rouladen Sellerie und Möhren schälen und in etwa 8 cm lange, dünne Streifen schneiden. Den Lauch putzen und in Streifen schneiden. Die Zwiebel schälen, würfeln und in einer Pfanne mit 1 EL Wagyu-Fett anbraten. Das Gemüse dazugeben, salzen. Etwa 20 Minuten bei mittlerer Hitze dünsten. Den Toast mit etwas Wagyu-Fett bestreichen, in etwa 1 cm dicke Streifen schneiden und 10 Minuten in den Backofen schieben.

3. Die Rouladen trocken tupfen, leicht salzen und pfeffern, mit Senf bestreichen und mit Bacon belegen. Das Gemüse etwa fingerdick auf die Rouladen geben – was übrig bleibt, als Schmorgemüse beiseitestellen. Je 1 Toaststreifen mittig auf die Füllung legen. Die Rouladen aufrollen und mit Zahnstochern fixieren.

4. Das restliche Wagyu-Fett in einem ofenfesten Bräter erhitzen und die Rouladen von allen Seiten scharf anbraten. Herausnehmen.

5. Das Schmorgemüse, etwas Salz, Tomatenmark, Wacholderbeeren und Pfefferkörner in den Bräter geben. Nach und nach mit dem Bier ablöschen, dabei den Bodensatz lösen. Den Portwein zugeben und einkochen, bis fast keine Flüssigkeit mehr übrig bleibt. Die Rouladen dazugegeben, Kalbsfond und, wenn nötig, etwas Wasser dazugießen, sodass das Fleisch etwa zu zwei Dritteln bedeckt ist. Die Kräuterzweige dazugeben und die Rouladen zugedeckt etwa 1 ½ Stunden bei 150 °C Umluft im Backofen garen.

6. Die Rouladen aus dem Bräter nehmen und warm stellen. Das Gemüse und die Sauce aus dem Bräter durch ein Sieb drücken, in den Topf zurückschütten. Etwas Wasser mit der Speisestärke verrühren, in die Sauce rühren, einmal aufkochen und abschmecken. Die Rouladen wieder zur Sauce geben und bis zum Servieren warm halten.

7. Den Tafelspitz und die Rouladen in Scheiben schneiden und mit der Sauce auf Tellern anrichten. Dazu passen Kartoffelpüree und ein Gemüse nach Wahl.

Dreierlei vom Wagyu-Rind

Zutaten für 6 Personen

Für Mutters Stuten:
1 kg Weizenmehl · 45 g frische Hefe · 250 ml Milch
½ TL Zucker · 125 g Butter · 1 TL Salz
Mehl zum Ausrollen · Fett für Blech oder Form

Für die Datteln in Bacon:
6 Datteln · 6 Scheiben Bacon (am besten vom Wagyu-Rind) · Zahnstocher zum Fixieren

Als Brotbelag:
Leberwurst (am besten vom Wagyu-Rind)
Schinken (am besten vom Wagyu-Rind)

1. Für den Stuten das Mehl in eine Schüssel geben und in der Mitte eine Mulde formen. Die Hefe hineinbröseln und mit 6 EL warmer Milch und dem Zucker zu einem Vorteig verrühren. Die Schüssel mit einem Tuch abdecken und den Teig so lange gehen lassen, bis der Vorteig in der Mitte doppelt so hoch ist.

2. Die restliche Milch mit der Butter lauwarm erhitzen und mit dem Salz zum Teig geben. Alles mit den Knethaken des Handmixers oder der Küchenmaschine zu einem glatten Teig kneten. Zugedeckt an einem warmen Ort gehen lassen, bis der Teig das doppelte Volumen erreicht hat.

3. Den Backofen auf 170 °C Umluft vorheizen. Den Teig auf einer bemehlten Arbeitsplatte nochmal kräftig durchkneten. Auf ein gefettetes Backblech legen oder in eine gefettete Kastenform füllen. Im Backofen auf der untersten Schiene etwa 1 Stunde backen. Vor dem Verzehr etwas abkühlen lassen.

4. Die Datteln entsteinen, im Bacon einrollen und mit Zahnstochern fixieren. In einer Pfanne ohne Fett von beiden Seiten braten, bis der Speck gebräunt ist. Weil der Bacon selber viel Fett mitbringt, braucht es kein zusätzliches Fett. Die Datteln bis zum Servieren warm halten.

5. Den Stuten mit Dreierlei vom Wagyu-Rind servieren: mit Leberwurst, Schinken und den Dattelröllchen.

Tipp:
Wer keine Wagyu-Rind bekommt, bereitet das Rezept mit Schinken und Wurst vom Biorind zu.

Pfirsich Melba

mit Smoothie à la Paul

Zutaten für 6 Personen

Für Pfirsich Melba:
3 Pfirsiche · 120 g Zucker · 600 g Schmand
Saft von 1–2 Zitronen · 400 g Sahne
2 Päckchen Sahnesteif · 300 g Himbeeren
Puderzucker · 100 g Mandelblättchen

Für den Smoothie à la Paul:
750 g fettarmer Joghurt · 750 g gefrorene Himbeeren
1 ½ Bananen · 150 ml Orangensaft · 50 g Chiasamen
Minzeblättchen zum Garnieren

1. Die Pfirsiche in etwas Wasser etwa 5 Minuten kochen. Nach dem Abkühlen schälen, entsteinen und halbieren In einem Topf etwas Zucker karamellisieren lassen, die Pfirsichhälften dazugeben und kurz köcheln lassen. Wenn nötig, etwas Wasser dazugießen.

2. Für die Creme den Schmand mit 100 g Zucker und dem Zitronensaft mischen. Die Sahne mit Sahnesteif steif schlagen und unterheben. Die Himbeeren mit etwas Puderzucker pürieren. Für den Crunch die Mandelblättchen in einer Pfanne mit etwas Zucker vermischen. Unter ständigem Rühren anrösten, bis die Mandeln schön braun sind.

3. Die Himbeersauce auf Dessertteller gießen, die Creme darauf verteilen. Die Pfirsichhälften daraufsetzen und die Mandelblättchen darüberstreuen.

4. Für den Smoothie alle Zutaten mit einem Stabmixer fein pürieren. Den Smoothie in Gläser gießen, nach Belieben mit Minzeblättchen garnieren und mit Strohhalm zu dem Dessert servieren.

Anja und Marius haben im Ausland das Leben in Gemeischaften kennen und lieben gelernt. Deshalb leben und wirtschaften die Pöttings auch in Scharmede nicht allein – insgesamt acht Erwachsene und vier Kinder bereichern den Alltag auf dem Hof mit ihren vielseitigen Talenten.

Anja Pötting

Große Bauernhof-WG mit solidarischer Landwirtschaft – in Scharmede wirtschaftet Familie Pötting im Einklang mit der Natur.

In der Gemeinschaft zu stolzen Biolandwirten. In Scharmede in Ostwestfalen-Lippe lebt Erlebnispädagogin Anja Pötting mit Mann Marius sowie den vier Kindern Luzi, Aenne, Hedwig und Clemens auf dem Vauß-Hof. Eigentlich war es gar nicht Plan des weitgereisten Paares, den Hof von Marius' Eltern zu übernehmen. Beide arbeiteten zunächst in ihren gelernten Berufen – Anja als Diplomtheologin in Kenia, Marius als Zimmermann in Honduras. Erst als dem 44-Jährigen durch den engen Kontakt zu Gemeinschaften von „Landlosen" klar wurde, was für ein großes Geschenk es ist, einen solchen Schatz zu besitzen, konnte er den Hof mit über 400-jähriger Familientradition nicht länger brachliegen lassen. „Mein Glück war, dass wir zusammen die ersten drei Kühe gekauft haben. Wäre ich in diesen Betrieb, wie er jetzt ist, hineingekommen, hätte ich mich vermutlich sehr schwergetan", gibt die 39-Jährige offen zu. So konnte Anja mit dem Hof gemeinsam in ihre neue Rolle wachsen. „Ich bin heute mit Stolz Bauer und ich sehe meine Verantwortung. Wir wollen die vielen Möglichkeiten, die der Hof bietet, so gut es geht nutzen", ergänzt Marius. Für beide war von Anfang an klar, dass alles bio sein muss – seit 2007 ist der Hof zertifiziert.

Jeder darf Gemüsebauer sein. Landwirtschaftlicher Schwerpunkt des Hofes ist die Rinderzucht – aktuell leben hier etwa 100 Tiere in Mutterkuhhaltung. „Am Anfang haben wir einmal im Jahr geschlachtet, jetzt schlachten wir einmal im Monat", fasst Anja die Entwicklung zusammen. An Futter bekommen die Tiere ausschließlich das, was auf den eigenen Weiden zu finden ist – auf Kraftfutter oder Zukauf wird vollständig verzichtet. „Das heißt, wir haben die volle Kontrolle darüber, wie wir die Tiere halten und auch, wie die Fleischqualität im Endeffekt ist", erklärt Anja. Durch eine enge Kooperation mit der örtlichen Schlachterei sind die Transportwege kurz, was eine schonende Schlachtung garantiert – gut für Tier und Mensch.

Seit einigen Jahren bauen die Pöttings in solidarischer Landwirtschaft auf einer Fläche von zweieinhalb Fußballfeldern auch Biogemüse an, das je nach Saison im Freiland oder in Gewächshäusern wächst. Hier kann jeder Flächenanteile erwerben, mit den Einnahmen werden Saatgut und Gärtner finanziert. „Somit teilen wir die Ernte, aber wir teilen auch das Risiko und die Verantwortung", erläutert Anja. Was geerntet wird, können die Mitglieder wöchentlich auf dem Hof abholen. Auch praktische Hilfe ist stets willkommen – inzwischen liegt die Zahl der helfenden Handpaare schon bei etwa 130.

„Mittlerweile sind viele Leute beeindruckt von dem, was wir hier schaffen."

Der Hof als Lernort und Akademie. Für Kinder aus der Umgebung bietet Anja Jahreszeitenwerkstätten, Ferienabenteuer sowie Programme für Kitas, Schulklassen und Bildungseinrichtungen an, denn sie möchte etwas von dem Schatz, den sie haben, weitergeben. Sie möchte den (Stadt-)Kindern Augenöffner sein für die kleinen Dinge, weil das etwas ist, was vielen heute fehlt. Überdies bietet der Vauß-Hof e.V. als gemeinnütziger Träger Seminare, Workshops, Vorträge und Kulturveranstaltungen für Erwachsene ebenso an wie qualifizierte Fortbildungen für Pädagog*innen, Zertifikatskurse und Lehrgänge. Es gibt hier also wahrlich viel zu erleben.

Für die Zukunft wünscht sich Anja, noch etwas mehr Zeit in Seminare zur Erwachsenbildung stecken zu können, träumt aber auch von einem eigenen Hofcafé. Gut Ding will Weile haben und ganz sicher werden die Dinge bei dem großartigen Zusammenhalt auf dem Vauß-Hof den gewünschten Lauf nehmen.

Gemüse und Vauß-Klopse

mit zweierlei Dips

Zutaten für 6 Personen

Für den Dattel-Frischkäse-Dip:
150 g Datteln
1 Knoblauchzehe
300 g Frischkäse
2 TL Curry
Salz
Cayennepfeffer

Für den Rote-Linsen-Dip:
1 Zwiebel
1 Knoblauchzehe
2 EL Olivenöl
1 EL Currypulver oder Ras el-Hanout
200 g Rote Linsen
500 ml Gemüsebrühe
300 g Kokosmilch
Salz, Pfeffer aus der Mühle
1 EL Tomatenmark
Zitronensaft

Für Gemüse und Vauß-Klopse:
1 Gurke
4 Möhren
1 Handvoll Cocktailtomaten
1 Zwiebel
1 kg Rinderhackfleisch
2 Eier (M)
1 EL Senf
125 g Quark
1 eingeweichtes Brötchen
Salz, Pfeffer aus der Mühle
Paprikapulver
gekörnte Gemüsebrühe
Öl zum Ausbraten

1. Für den Dattel-Frischkäse-Dip die Datteln entsteinen und klein schneiden, die Knoblauchzehe schälen und durchpressen. Beides mit dem Frischkäse vermengen und mit den Gewürzen abschmecken. Am besten einige Stunden ziehen lassen.

2. Für den Rote-Linsen-Dip die Zwiebel und den Knoblauch schälen und sehr fein würfeln. Das Öl erhitzen, Zwiebeln und Knoblauch darin glasig braten. Das Currypulver oder Ras el-Hanout dazugeben und noch 1 Minute weiterbraten. Die Linsen unterrühren, die Gemüsebrühe dazugießen. So lange kochen, bis die Linsen fast zerfallen. Zuletzt so viel Kokosmilch dazugeben, dass die Linsen eine cremige Konsistenz haben. Mit Salz, Pfeffer, Tomatenmark und 1 Schuss Zitronensaft abschmecken.

3. Gurke und Möhren putzen, Möhren schälen. Beides waschen und zu Sticks oder Scheiben schneiden. Die Tomaten waschen.

4. Für die Vauß-Klopse die Zwiebel schälen und fein würfeln. Das Hackfleisch mit der Zwiebel, den Eiern, Senf, Quark und dem ausgedrückten Brötchen so lange verkneten, bis eine geschmeidige Masse entsteht. Mit Salz, Pfeffer, Paprika und etwas gekörnter Brühe abschmecken. Die Masse zu kleinen Bällchen formen und im Öl in der Pfanne ausbraten. Zwischendurch einmal probieren, denn kleine Klopse sind rasch gar und werden schnell trocken. Größere Klopse brauchen länger und dürfen innen nicht mehr roh sein.

5. Die Dips in kleinen Schälchen oder direkt mit dem Gemüse und den Klopsen auf Tellern anrichten.

Potthast

aus der marokkanischen Tajine mit Salat und Minze-Dip

Zutaten für 8 Personen

Für den Potthast:
800 g Rindernacken
2 Knoblauchzehen
4 Zwiebeln
4 Tomaten
1 Bund Petersilie
100 ml Olivenöl
1 EL Zimtpulver
1 TL Ingwerpulver
1 TL Kurkumapulver
einige Safranfäden
Salz, Pfeffer aus der Mühle

Für den Minze-Dip:
150 g Joghurt
Salz
2 Knoblauchzehen
1 Zwiebel
1 Gurke
4 Stiele Minze
Pfeffer aus der Mühle
2 EL Olivenöl

Für den Salat:
1 Kopf Blattsalat
50 g Rucola
2 Äpfel
100 g Feta
1 Rote Bete (vorgegart)
50 g Walnusskerne
1 TL Honig
1 TL Senf
2 EL Balsamico bianco
6 EL Olivenöl
Zimtpulver
Salz, Pfeffer aus der Mühle
2 Scheiben altes Brot nach Belieben

1. Die Tajine mindestens 10 Minuten wässern. Inzwischen das Fleisch in Stücke schneiden. Die Knoblauchzehen schälen und halbieren. Die Zwiebeln schälen und fein würfeln. Die Tomaten waschen, würfeln und dabei die Stielansätze entfernen. Die Petersilie waschen und trocken schleudern.

2. Das Öl in der Tajine erhitzen und das Rindfleisch mit Knoblauch, Zimt, Ingwer, Kurkuma, Safran, Salz und Pfeffer bei mittlerer bis starker Hitze etwa 10 Minuten anbraten. Mit 250 ml Wasser ablöschen und die Petersilie in die Tajine legen. Den Deckel aufsetzen, die Dampfsperre mit kaltem Wasser füllen und das Fleisch etwa 1 Stunde bei schwacher Hitze garen.

3. Die Petersilie aus der Tajine nehmen. Zwiebeln und Tomaten zum Fleisch geben und unterrühren. Zugedeckt 30 bis 40 Minuten schmoren, falls nötig, zwischendurch etwas Wasser dazugeben.

4. Den Joghurt mit Salz würzen. Die Knoblauchzehen schälen und durch pressen. Die Zwiebel schälen und fein reiben. Die Gurke putzen und würfeln. Die Minze waschen, trocken schütteln, Blättchen abzupfen und fein hacken. Alles unter den Joghurt mischen. Mit Pfeffer würzen, das Olivenöl unterrühren und ziehen lassen, auch gerne über Nacht.

5. Blattsalat und Rucola putzen, waschen, trocken schleudern und klein zupfen. Die Äpfel waschen, vierteln, entkernen und in Würfel schneiden, Feta und Rote Bete würfeln. Die Walnüsse hacken. Alles in eine Schüssel geben. Honig, Senf, Essig, 4 EL Öl, Zimt, Salz und Pfeffer verrühren und mit dem Salat vermengen. Nach Belieben das Brot in Würfel schneiden, im restlichen Olivenöl zu Croûtons rösten und über den Salat geben. Die Tajine mit Minze-Dip und Salat servieren.

Variante: Vegane Tajine

Die Tajine mindestens 10 Minuten wässern. 1 Zwiebel, 1 Aubergine, 1 Fenchel, 4 Kartoffeln, 2 Möhren 1 Zucchini und 2 Tomaten putzen und in Würfel schneiden. Die Auberginen salzen. 2 EL Olivenöl in der Tajine erhitzen, die Zwiebel darin bei starker Hitze kurz anbraten. Fenchel, Kartoffeln, Möhren, Currypulver, Salz und Pfeffer dazugeben. Etwas Brühe angießen. Den Deckel auflegen, die Dampfsperre mit kaltem Wasser füllen und alles bei mittlerer Hitze etwa 15 bis 20 Minuten garen. Auberginen, Tomaten, Zucchini, 1 Dose abgetropfte Kichererbsen, und 250 ml Kokosmilch dazugeben, nochmal 5 bis 10 Minuten köcheln lassen.

Diese Kombi aus Cupcake und Sorbet
ist für Gäste ein wahrer Hingucker
und lässt sich noch dazu toll vorbereiten.

Apfel-Walnuss-Cupcakes

mit
Apfel-Ingwer-Sorbet

Zutaten für 6 Personen

Für den Cupcake-Teig:
3 große Äpfel
Saft von 1 Zitrone
3 EL Apfelsaft
360 ml Rapsöl
480 g Zucker
3 Eier (M)
450 g Weizenmehl
1 TL Backpulver
1 TL Zimt
Salz
1 Tasse gehackte Walnusskerne
Papierbackförmchen

Für das Karamell:
240 g Zucker
160 g Sahne

Für das Frosting:
125 g Butter
500 g Frischkäse
Walnusskerne zum Garnieren

Für das Apfel-Ingwer-Sorbet:
350 g Äpfel
geraspelter Ingwer (Menge nach Geschmack)
40 ml Zitronensaft
150 g Zucker
30 g Traubenzucker
1 g Johannisbrotkernmehl

1. Den Backofen auf 160 °C vorheizen. Ein Muffinblech mit Papierförmchen auslegen. Die Äpfel schälen, entkernen, in kleine Würfel schneiden, mit Zitronensaft und Apfelsaft vermischen. Das Öl mit dem Zucker schaumig schlagen, nach und nach die Eier dazugeben. Mehl, Backpulver, Zimt und ¾ TL Salz mischen, nach und nach unterrühren. Apfelstücke und Walnüsse unterheben. Den Teig in die Muffinförmchen füllen, auf der mittleren Schiene etwa 20 Minuten backen, Stäbchenprobe machen. Die Cupcakes abkühlen lassen.

2. Für das Karamell in einem kleinen Topf 80 ml Wasser mit dem Zucker bei mittlerer Hitze erwärmen, gelegentlich umrühren. Der Zucker muss völlig aufgelöst sein und darf sich nicht am Rand absetzen. Die Hitze erhöhen und ohne zu rühren bei gelegentlichem Schwenken kochen lassen, bis der Zucker hellbernsteinfarben wird. Dann sofort von der Kochstelle nehmen und langsam die Sahne unterrühren. Vorsicht! Es blubbert stark und der Zucker ist sehr heiß. Den Topf wieder bei mittlerer Hitze auf die Platte zurückstellen und etwa 1 Minute erhitzen, dabei rühren, bis alles schön cremig ist. Das Karamell völlig abkühlen lassen.

3. Für das Frosting Butter und Frischkäse, beides in Zimmertemperatur, etwa 3 Minuten cremig mixen. Dann etwa ¾ des abgekühlten Karamells untermixen. Das Frosting mit einem Spritzbeutel auf die Cupcakes spritzen. Mit je 1 Walnusshälfte und der übrigen Karamellsauce verzieren.

4. Für das Sorbet die Äpfel schälen, entkernen und in kleine Würfel schneiden. Mit dem Ingwer und 1 Schuss Wasser weich kochen. Zugedeckt kalt stellen.

5. 80 ml Wasser und den Zitronensaft in einen Topf gießen. Zucker, Traubenzucker und Johannisbrotkernmehl mit einem Schneebesen einrühren. Die Flüssigkeit unter Rühren erhitzen, aber nicht aufkochen, bis sich der Zucker völlig aufgelöst hat. Den Topf vom Herd nehmen und zugedeckt kalt werden lassen.

6. Das Apfelpüree mit dem Stabmixer unter die abgekühlte Zuckermasse mixen, im Kühlschrank gut durchkühlen lassen. Die Sorbetmasse mit dem Stabmixer nochmal durchmixen, in die Eismaschine füllen und ein cremiges Sorbet daraus zubereiten. Das fertige Sorbet in den Tiefkühlschrank stellen. 10 Minuten vor dem Verzehr herausnehmen. Mit den Cupcakes servieren.

Ein großes Angebot: Manuela und Hubert bieten auf ihrem Hof verschiedene Bildungsveranstaltungen, die Ausbildung von Zugpferden und Fuhrleuten sowie geführte Ausritte in die Natur und Lohndienstleistungen im Forstbereich an. Ihre Leidenschaft für Pferde ist bei jeder dieser Aufgaben spürbar.

Manuela Zimmermann

Forst- und Landwirtschaft ohne Traktoren – im Windecker Ländchen setzen die Zimmermanns auf natürliche Pferdestärken.

Dank Kaltblütern zum Liebesglück. Seit über zehn Jahren betreiben Manuela Zimmermann und ihr Mann Hubert den kleinen Pferdehof „Erlebnisse mit Kaltblütern" in Altwindeck im Rhein-Sieg-Kreis. Beide sind mit Pferden aufgewachsen, der kleine Hof gehörte früher Huberts Eltern. Das Paar bewirtschaftet hier 15 Hektar Heuwiesen und zusätzliche zehn Hektar Land für die Pferdebeweidung.

„Wenn ich mit unseren Pferden ackere, erlebe ich das alles hautnah."

Kennengelernt haben sich die Sozialtherapeutin und der gelernte Forstwirt, als Manuela im Rahmen ihrer ehemaligen Arbeit als Bildungsreferentin ein Bildungsprogramm über Forstarbeiten plante – Hals über Kopf verliebte sie sich in ihn und seine Kaltblüter. Seitdem leben sie zusammen und haben ihre Leidenschaft für die Pferde zum Beruf gemacht. Beide sind seit inzwischen über zehn Jahren zertifizierte Ausbilder des Bundesverbands Interessengemeinschaft Zugpferde. Die forst- und landwirtschaftliche Arbeitspferdeausbildung, deren Kurse sie monatlich geben, beinhaltet das Arbeiten im Holzrücke- und Arbeitsgeschirr, Pflügen, Eggen, Schleppen, Mähen, Wenden und Rücken.

Vom Pferd zurechtgerückt. Insgesamt hat Manuela 15 Pferde, davon zehn Arbeitspferde, die unter anderem zum Holzrücken eingesetzt werden. Das macht vor allem dort Sinn, wo kein Auto oder Traktor hinkommt, wenn beispielsweise Baumstämme aus dem Wald geholt werden müssen. In Deutschland gibt es nur wenige Holzrücker und noch weniger, die diese Tätigkeit im Hauptberuf ausüben. Die Rassen der Kaltblüter sind für diese Art des Arbeitens extra gezüchtet worden, dennoch muss die 41-Jährige mit ihren Pferden regelmäßig trainieren. Bevor die Pferde in den echten Baumbestand kommen, müssen sie sich hier erprobt haben, um keine Schäden zu hinterlassen. „Als Holzrücker möchte man zeigen, dass man nachhaltig und trotzdem genauso präzise wie eine Maschine arbeiten kann", weiß Manuela.

Im Wald arbeitet das Paar am liebsten im Team, die Aufträge dafür bekommen sie vom Revierförster. Bis in die 1960er-Jahre haben Forstwirte ausschließlich mit Pferden gearbeitet, dann wurden sie zunehmend von motorgetriebenen Forstschleppern abgelöst. Heute setzen viele Waldbesitzer wieder auf Rückepferde, weil die Maschinen viele Bodenschäden verursachen.

Auch die Arbeit auf dem Feld teilen sich Manuela und Hubert. Mit Geräten wie vor 100 Jahren geht es auf den Kartoffelacker. „Wenn ich mit unseren Pferden ackere, bin ich ganz nah an der Natur, ganz nah an den Tieren und ganz nah am Boden. Im wahrsten Sinne des Wortes erlebe ich das alles hautnah – anders als wenn ich in einem voll klimatisierten Traktor sitzen würde." Tierquälerei ist es bestimmt keine, auch wenn die Pferde hart arbeiten, aber Manuela kann beruhigen: „Ich würde fast sagen, das macht den Pferden sogar am allermeisten Spaß von den Dingen, die wir gemeinsam tun. Man kann es fühlen, dass die Tiere bei dieser Arbeit Spaß haben, einen enormen Leistungswillen entwickeln, sie schnauben dann, sie sind gut gelaunt, sie arbeiten mit, hören ganz genau zu, was man von ihnen möchte, und sie wollen auch total gefallen."

Ihr Wunsch wäre, dass mehr Forstämter für eine nachhaltige Forstwirtschaft eintreten und vermehrt Arbeitspferde wie ihre einsetzen. Beide haben viele schöne Ideen Wirklichkeit werden lassen und leben das, wonach sie sich sehnen – zusammen sein und gemeinsam arbeiten.

Rehrücken aus dem Dutch Oven

mit Sommersalat und Rosmarinkartoffeln

Zutaten für 4 Personen

Für den Rehrücken:
1,5 l Buttermilch
2 Flaschen Rotwein
Wacholderbeeren
Pimentkörner
Gewürznelken
1,2 kg Rehrücken, ausgelöst und von Sehnen befreit
Salz, Pfeffer aus der Mühle
3 Zwiebeln
Zucker
Öl zum Braten
2–3 Bioorangen, in Scheiben
Dutch Oven mit Grillkohle und Grillbriketts

Für den Sommersalat:
150 g Feldsalat
8 Kirschtomaten
2 kleine Gärtnergurken
8 Radieschen
2 Frühlingszwiebeln
1 Orange
Granatapfelkerne
Sonnenblumenkerne
Basilikum
4 EL Olivenöl
3 EL Balsamico bianco
Saft von 1 Orange
3 EL Himbeersaft
Salz, Pfeffer aus der Mühle

Für die Rosmarinkartoffeln:
100 g Butter
800 g gekochte junge Kartoffeln mit Schale
Rosmarinzweige
Salz

1. Am Vortag die Buttermilch mit 1 Schuss Rotwein in eine Schüssel gießen, einige Wacholderbeeren, Pimentkörner und Nelken zugeben. Den Rehrücken darin über Nacht im Kühlschrank einlegen.

2. Am nächsten Tag das Fleisch aus der Buttermilch nehmen, trocken tupfen, salzen und pfeffern. Die Zwiebeln schälen, fein würfeln, mit etwas Zucker in einem Topf leicht karamellisieren, mit 1 großen Schuss Rotwein ablöschen und ziehen lassen. Reichlich Grillkohle zusammen mit den Grillbriketts in einer Feuerschale anzünden.

3. Inzwischen für die Beilage Feldsalat, Tomaten, Gurken, Radieschen und Frühlingszwiebeln putzen und waschen. Den Feldsalat auf Teller verteilen. Die Tomaten halbieren, die Gurke würfeln, die Radieschen in dünne Scheiben schneiden, die Frühlingszwiebeln in Ringe schneiden, die Orange schälen und würfeln. Alles über dem Feldsalat verteilen. Granatapfelkörner, Sonnenblumenkerne und ein paar Basilikumblätter darüberstreuen. Öl, Essig, Orangensaft, Himbeersaft, Salz und Pfeffer verrühren. Kurz vor dem Servieren über den Salat gießen.

4. Ist genug Glut vorhanden, die Grillbriketts an die Seite schieben. Den Dutch Oven mitten in die Glut stellen. Kurz heiß werden lassen. Etwas Bratöl in den Topf geben. Das Reh darin kurz von allen Seiten scharf anbraten, mit dem Zwiebel-Rotwein-Sud ablöschen. Das Fleisch mit den Orangenscheiben bedecken. Den Deckel auf den Topf setzen und einige Briketts in den hohen Rand gegeben. Das sorgt für Oberhitze. Immer wieder etwas Rotwein und etwas Wasser zum Fleisch geben. Nach 25 bis 30 Minuten ist der Rehrücken, je nach Dicke, zart und durchgegart.

5. Für die Rosmarinkartoffeln die Butter in einer Pfanne erhitzen. Die Kartoffeln mit den abgezupften Rosmarinnadeln und Salz von allen Seiten darin anbraten.

6. Die Rehrückensauce etwas einkochen lassen, die Orangenschalen entfernen, die Stücke bleiben in der Sauce. Die Sauce pürieren oder durch ein Sieb streichen. Nochmal abschmecken. Die Sauce als Spiegel auf Tellern verteilen, den Rehrücken in dicke Scheiben schneiden und darauf anrichten. Salat und Kartoffeln dazu servieren.

Tipp:
Natürlich kann man den Rehrücken auch in einem herkömmlichen Bräter zubereiten. Die Garzeit verlängert sich dann ein wenig.

Zucchiniküchlein

mit Kräuterquark

Zutaten für 4 Personen

Für die Zucchiniküchlein:
2 mittelgroße Zucchini · Salz · 125 g Schinkenspeck
1 EL Öl · 250 g Reibekäse · 8 Eier (M) · Mehl
1 Päckchen Backpulver · Pfeffer aus der Mühle

Für den Kräuterquark:
50–100 g gemischte Kräuter (z. B. Petersilie, Basilikum, Schnittlauch, Dill, Kresse)
500 g Speisequark · etwas Milch
Salz, Pfeffer aus der Mühle · Kresse zum Garnieren

1. Den Backofen auf 180 °C Umluft vorheizen. Für die Küchlein die Zucchini waschen, in grobe Stifte reiben, salzen und in einem Sieb etwas auswässern lassen. Den Schinkenspeck in kleine Würfel schneiden und im Öl in einer Pfanne anbraten.

2. Die Zucchini in einer Rührschüssel mit dem Speck und dem Käse vermischen. Die Eier unterrühren. Einige Esslöffel Mehl und das Backpulver unterrühren, bis die Masse etwas gebunden ist. Mit Salz und Pfeffer würzen, dabei beachten, dass der Speck schon salzig ist.

3. Die Masse in Silikonförmchen füllen. Am besten in Formen für Burgerbrötchen, Muffins oder eine ähnliche Größe, dann hat man eine gute Vorspeisenportion. Die Küchlein im Backofen auf der mittleren Schiene etwa 20 bis 25 Minuten goldbraun backen.

4. Für den Kräuterquark die Kräuter waschen, trocken schütteln und fein hacken. Den Quark in einer Schüssel mit den Kräutern und etwas Milch verrühren. Mit Salz und Pfeffer würzen. Den Kräuterquark zu den Küchlein servieren und die Vorspeise mit Kresse garnieren.

Blaubeerparfait

mit Pistazien

Zutaten für 4 Personen

300 g TK-Blaubeeren · 1 Vanilleschote
125 ml Milch · 3 Eigelb · 70 g Zucker
20 g Zartbitterschokolade · 250 g Mascarpone
50 g gehackte Pistazien · Minzeblätter zum Garnieren

1. Die Blaubeeren auftauen lassen. Die Vanilleschote aufschneiden und das Mark mit einem spitzen Messer herauskratzen. Vanilleschote und Vanillemark mit der Milch aufkochen. Den Topf beiseitestellen.

2. Die Eigelbe mit dem Zucker in einer Schüssel über dem warmen Wasserbad mit dem Schneebesen schaumig schlagen. Die Vanilleschote aus der Milch nehmen und die Milch nach und nach unter die warme Eigelbmasse rühren. So lange weiterrühren, bis die Masse leicht dicklich ist. Die Creme etwas abkühlen lassen.

3. Die Schokolade reiben. 250 g Blaubeeren pürieren. Den Mascarpone cremig rühren und esslöffelweise unter die Eigelbcreme rühren. Vom Blaubeerpüree 4 EL zum Garnieren aufheben, den Rest mit der Schokolade unter die Creme rühren. Die Masse in kleine Förmchen füllen und etwa 3 Stunden oder über Nacht einfrieren.

4. Vor dem Servieren das Parfait auf Dessertteller stürzen, jeweils mit einem Esslöffel Blaubeerpüree, den übrigen Blaubeeren, den gehackten Pistazien und den Minzeblättern garnieren.

Die Vermietung von insgesamt 14 Ferienwohnungen ist das Kerngeschäft des Hofes. Als Mitgliedsbetrieb im Schmallenberger Kinderland sind die Unterkünfte besonders geeignet für Familien mit kleinen Kindern und bestens auf deren Wünsche und Bedürfnisse eingestellt.

Katharina Nowicki-Heßmann

Dort leben, wo andere Ferien machen – mitten im Sauerland heißt Familie Nowicki-Heßmann Gäste auf ihrem Ferienhof willkommen.

Die Ferienversion der Landwirtschaft. Auf einer sonnigen Anhöhe mit Weitblick über das Schmallenberger Sauerland sind Katharina Nowicki-Heßmann mit ihrem Mann Christian Heßmann und den drei Kindern Carl, Ida und Frederik sowie ihre Eltern Gastgeber für große und vor allem kleine Urlaubsgäste. Der heutige Ferienhof Birkenhof hat ursprünglich den Großeltern gehört, damals wurde hier noch klassische Landwirtschaft betrieben. Mitte der 1970er Jahre gaben die Großeltern die Landwirtschaft jedoch auf und bauten die ersten Ferienwohnungen, denen 1994 weitere neue folgen sollten. Aus den Ställen, dem Heuschober und Teilen des Bauernhauses wurden also Unterkünfte für Familien.

Die Tiere durften natürlich bleiben: Ein Stall voll Pferde und Ponys, Schafe, Hasen, Hühner, Katzen und Schweine sind noch stets fester Bestandteil des Bauernhofs – aber nun dazu da, den vielen kleinen und großen Gästen das Landleben näher zu bringen. „Seit ich denken kann, hatten wir auf dem Hof schon immer Pferde", strahlt Katharina, die schon ihr Leben lang reitet und ein „echtes Pferdemädchen" ist, wie sie selbst sagt. Heute teilt sie diese Leidenschaft mit Tochter Ida, die sich mit ihr gemeinsam um die Hofpferde kümmert. Aber auch Christian sowie die Söhne Carl und Frederik helfen tatkräftig mit. „So ist das in Familienbetrieben, jede Hand zählt. Aber ich glaube, es macht ihnen auch einfach Spaß, mir zu helfen", erklärt der gelernte Kfz-Meister und Fahrlehrer. Die gemeinsame Stallarbeit ist ein festes Ritual und die Zeit am Abend gehört – wann immer es möglich ist – nur der Familie.

Ferne suchen, um Nähe zu finden. Katharina und Christian kennen sich schon eine gefühlte Ewigkeit, abgesehen von Treffen auf Partys hatten beide allerdings wenige Berührungspunkte. So zog es die studierte Ökotrophologin nach dem Diplom zunächst in die Ferne – im Anschluss an die Niederlande ging es nach New York. „Das Leben woanders war schon spannend … aber ich wusste schon als junges Mädchen, dass ich gerne wieder zurückkommen würde", erinnert sich die 43-Jährige. Mit ihrer Rückkehr in die Heimat und dem Verlieben in Christian fiel 2008 die Entscheidung, gemeinsam in die Ferienhofarbeit einzusteigen. Und sie brachten einiges an frischem Wind mit: 2009 eröffnete im Erdgeschoss des Bauernhauses das Landcafé mit eigener Backstube – perfekt, dass Vater Andreas als erfahrener Konditormeister in der Küche steht. Durch den Cafébetrieb hat Christian hinter der Siebträgermaschine seine Leidenschaft für die aromatische Bohne entdeckt und ist nicht nur zertifizierter Barista und Röstmeister, sonder hat 2015 sogar eine eigene Kaffeerösterei eröffnet.

„Urlaub auf dem Birkenhof bedeutet Tiere hautnah erleben und Leckereien aus der Landküche."

Kinder, ist das schön hier. Das Angebot auf dem Birkenhof ist besonders auf die Bedürfnisse von Familien ausgerichtet. Den Kleinen wird dank der vielen Highlights auf dem Hof ganz sicher nicht langweilig: morgendliches Versorgen der Pferde gemeinsam mit Christian, Einsammeln der Frühstückseier im Hühnerstall, Ponyreitausflüge oder Stockbrotbacken am offenen Lagerfeuer sorgen für viel Abwechslung. Die Eltern genießen die Landschaft, den einen oder anderen Moment der Ruhe und vor allem das kulinarische Angebot des Birkenhofs.

Mit Vermietung samt Verpflegung der Gäste, Café und Rösterei steht Familie Nowicki-Heßmann auf drei soliden Beinen und hat sich für die Zukunft fit gemacht – mögen sie dem Hof auch weiterhin viele kleine und große zufriedene Gäste bescheren.

Schmallenberger Häppchen

auf frischem Schwarzbrot

Zutaten für 6 Personen

3 verschiedene Sorten Käse nach Wahl
125 g geräuchertes Forellenfilet
3 Scheiben frisches Schwarz- oder Vollkornbrot
Butter
100 g geräucherter Schinken
Dill

1. Von jeder der Käsesorten 6 fingerbreite Stücke abschneiden. Das Forellenfilet in 6 gleich große Stücke zerteilen.

2. Das Brot in je 4 Stücke schneiden und mit etwas Butter bestreichen. Auf die Hälfte der Brothappen je 1 Stück Forelle setzen.

3. Käse, Schinken und je 1 Brot mit Forelle und eines ohne anrichten und die Forelle mit etwas Dill garnieren.

Tipp:
Katharina Nowicki-Heßmann servierte ihren Gästen verschiedene Produkte aus der Umgebung: Der Käse stammte von „Der Winkhauser" Stefan Belke in Winkhausen, die Forelle von der Forellenzucht Drenk in Schmallenberg, der geräucherte Schinken von Feinkost Henke in Oberkirchen, das Brot aus dem Historischen Backhaus in der Heustraße in Holthausen und der Schieferberggeist vom Schieferbergbau- und Heimatmuseum in Holthausen. Ihre persönliche Servierempfehlung: Alle Häppchen auf kleinen Schiefertafeln anrichten und am besten draußen im Grünen servieren. Den Gruß aus der Küche anschließend mit einem Gläschen Schieferberggeist abrunden.

Das Kartoffelpüree wird ganz besonders fluffig, wenn es mit einem Sahnespender aufgesprüht wird.

Rindergulasch

mit Kartoffelschaum

Zutaten für 6 Personen

Für das Gulasch:
1 kg Rindfleisch aus der Keule
1 kleiner Knollensellerie mit Grün
4 Zwiebeln
4 Möhren
Öl zum Braten
Salz
Pfeffer aus der Mühle
2 EL Tomatenmark
Zucker
200 ml Rotwein
5 cl Braunbier
500 ml Brühe
1 EL Speisestärke

Für das Kartoffelpüree:
650 g Kartoffeln
Salz
100 g Butter
250 g Sahne
geriebene Muskatnuss

Außerdem:
Butter fürs Gemüse
Olivenöl
Aceto balsamico

1. Für das Gulasch das Fleisch von Fett und Sehnen befreien und in etwa 2 cm große Würfel schneiden. Vom Sellerie das Grün abschneiden, waschen, trocken tupfen und klein schneiden. Den Sellerie, die Zwiebeln und die Möhren schälen und sehr klein würfeln. 1 Handvoll gewürfelter Möhren und Sellerie sowie das Selleriegrün beiseitestellen.

2. Das Fleisch in einem Bräter im heißen Öl portionsweise scharf anbraten, mit Salz und Pfeffer würzen, herausnehmen und beiseitestellen. Das gewürfelte Gemüse in den Bräter geben und ebenfalls kräftig anbraten, das Tomatenmark sowie 1 Prise Zucker dazugeben und weiterbraten. Das Fleisch wieder hinzufügen und alles mit dem Rotwein ablöschen. Den Rotwein einkochen lassen, das Braunbier dazugießen und ebenfalls einkochen lassen. Die Brühe zugeben und alles bei geringer Hitze ohne Deckel gar schmoren.

3. Für das Püree die Kartoffeln schälen, würfeln und in Salzwasser etwa 25 Minuten weich kochen. Das Wasser abgießen und die Kartoffeln zuerst durch eine Kartoffelpresse drücken, dann durch ein feines Sieb streichen. Die Butter zerlassen und mit der Sahne unter die Kartoffelmasse rühren. Mit Salz und Muskat abschmecken.

4. Die Möhren- und Selleriewürfel in etwas Butter andünsten und mit Salz und Pfeffer würzen. Das Selleriegrün mit etwas Olivenöl, Salz, Pfeffer und 1 Spritzer Essig würzen. Das Gulasch, falls nötig, etwas andicken. Dafür die Speisestärke mit etwas Wasser verrühren und unter die Sauce rühren. Das Gulasch mit Kartoffelpüree, Gemüsewürfeln und Selleriegrün servieren. Dazu schmeckt ein frischer Salat.

Tipp:
Die Kartoffelmasse mithilfe eines Sahnespenders auf die Teller sprühen. Durch den Druck wird das Kartoffelpüree besonders schaumig und fluffig.

Apfelkuchen mit Mandeldecke

und
Mandel-Nuss-Ecken

Zutaten für 1 Springform mit 26 cm Durchmesser und 1 Backblech

Für den Apfelkuchen:
Für den Mürbteig:
120 g Mehl · 30 g Zucker
60 g Butter · 1 Eigelb
Salz

Für die Füllung:
2 kg Boskop-Äpfel
Apfelsaft · 40 g Zucker
1 Päckchen Vanillezucker · Zimt
1–2 TL Speisestärke

Für den Rührteig:
100 g Butter · 100 g Zucker
2 Eier (M)· 200 g Mehl
1 TL Backpulver
Fett für die Form

Für die Mandeldecke:
30–40 g flüssige Butter
80 g gehobelte Mandeln
3 EL Zucker · 1 EL Honig

Für die Mandel-Nuss-Ecken:
Für den Teig:
300 g Mehl
140 g Puderzucker
140 g kalte Butter
2 Eier (M)
3 EL Aprikosenkonfitüre

Für den Belag:
125 g Butter
50 g Honig · 220 g Zucker
200 g gemahlene Haselnüsse
200 g gehobelte Mandeln
150 g Schokoglasur

1. Für den Mürbteig das Mehl, den Zucker, die Butter, das Eigelb und 1 Prise Salz zu einem Mürbteig verkneten. Den Teig etwa 1 Stunde kalt stellen.

2. Für die Füllung die Äpfel schälen, entkernen und in kleine Stücke schneiden. Mit etwas Apfelsaft und dem Zucker in einem Topf gar dünsten, aber nicht zu weich werden lassen. Mit Vanillezucker und Zimt abschmecken. Ist die Masse zu flüssig, die Speisestärke mit etwas Wasser anrühren und unter die Äpfel rühren. Abkühlen lassen.

3. Den Backofen auf 190 °C vorheizen. Die Springform einfetten. Für den Rührteig die Butter mit dem Zucker schaumig rühren, die Eier nach und nach zugeben. Das Mehl und das Backpulver unterrühren. Den Teig die Springform füllen. Die Apfelmasse darauf verteilen.

4. Den Mürbteig dünn ausrollen und auf die Apfelmasse legen. Für die Mandeldecke den Mürbteig mit der Butter bestreichen. Die Mandelblättchen darüberstreuen. Den Zucker mit dem Honig vermischen und über die Mandeln geben. Den Apfelkuchen im Backofen auf der mittleren Schiene etwa 55 Minuten backen.

5. Für die Mandel-Nuss-Ecken das Mehl, den Puderzucker und die Butter mit den Händen zerreiben, sodass ein krümeliger Teig entsteht. Die Eier dazugeben und alles miteinander verkneten. Den Teig etwa 1 Stunde kühl stellen.

6. Den Backofen auf 180 °C vorheizen. Den Teig leicht bemehlen und auf einem mit Backpapier ausgelegten Blech zu einem Rechteck von etwa 40 x 60 cm ausrollen. Mit einer Gabel mehrmals einstechen und mit Aprikosenkonfitüre bestreichen.

7. In einem Topf die Butter, den Honig und den Zucker mischen und bei mittlerer Hitze etwa 5 Minuten aufkochen lassen. Die Haselnüsse und die Mandeln untermischen und nochmals 5 Minuten köcheln lassen. Die Masse auf der Teigplatte verteilen. Im Backofen auf der mittleren Schiene etwa 20 Minuten goldbraun backen. Die Mandelplatte mindestens 3 Stunden auskühlen lassen.

8. Den Teig in etwa 10 längliche Streifen schneiden, daraus kleine Quadrate schneiden und jedes Quadrat in Dreiecke schneiden. Die Schokoglasur schmelzen und die Ecken eintauchen. Die Mandel-Nuss-Ecken auf Backpapier auskühlen lassen.

Einmal rund ums Ruhrgebiet

In den neuen Folgen von „Land & lecker“ haben vier kreative Landfrauen und -männer ihre Leidenschaft zum Beruf gemacht. Das Tolle ist: Jede und jeder von ihnen macht wirklich etwas ganz Besonderes. So verschieden ihre Lebensträume auch sind – alle Teilnehmer*innen von Staffel 19 haben letzten Endes eines gemeinsam: Sie leben auf dem Land und für regionale Lebensmittel!

Die Tour startet mitten im Ruhrpott bei einer Pilzzüchterin, dann geht es weiter ins Hochsauerland zu einem Mediziner mit eigener Senfmühle und an den Niederrhein zu einer fröhlichen Ziegenherde. Das Finale steigt im nördlichen Ruhrgebiet in einer magischen Biogärtnerei.

Alle nötigen Kenntnisse über Pilzzucht haben sich Sarah und Joe selbst angeeignet – und die Zucht ist tatsächlich eine Wissenschaft für sich. Denn nur unter perfekten Bedingungen hinsichtlich hoher Luftfeuchtigkeit und konstanter Temperaturen gedeihen die edlen Gewächse in solcher Pracht.

Sarah Küper

Bunt und exotisch geht es in der ehemaligen Gärtnerei zu – bei Familie Küper im Ruhrgebiet wachsen verschiedenste Edelpilze.

Verliebt in eine(r) Gärtnerei. Die Liebesgeschichte von Sarah und Joe Küper hat schon vor einer gefühlten Ewigkeit begonnen, damals war die heute 39-Jährige süße 16. Inzwischen bewohnt und bewirtschaftet das Paar mit seinen vier Kindern Johann, Leni, Lilli und Wilhelmine am Stadtrand von Recklinghausen eine ehemalige Gärtnerei. „Ein Leben mit Kindern lässt die eigenen Gedanken immer häufiger und intensiver um Themen wie Ernährung, Umwelt und Nachhaltigkeit kreisen", weiß Sarah. Diese Überlegungen haben allerdings nur indirekt zu dem geführt, was sich dann beruflich für sie getan hat. Der Denkanstoß für die Umsetzung der Idee eines nachhaltigen Lebens in der Landwirtschaft hat für die Küpers mit dem Kauf ebenjener ehemaligen Gärtnerei begonnen. Was nun?

Dem Strohsubstrat die Biosporen gegeben. Nach einer längeren Phase der Ideenfindung beschloss das Paar im Sommer 2015, sich mit einer Pilzzucht ins Abenteuer Landwirtschaft zu stürzen. Das „Projekt Pilze" und die gesamte Anlage haben die Diplompädagogin und der Handwerksmeister selbst entworfen und gebaut. Alles rund um die Edelpilzzucht war und ist für sie „learning by doing", hierzu gibt es keine Ausbildung. Der Erfolg, der sich schneller als gedacht eingestellt hat, spricht ganz dafür, dass die Küpers ein Händchen für die Pilzzucht haben. 2018 schon konnten sie in ihrem Hofladen mit dem Verkauf der ersten Edelpilze auf höchstem Qualitätsniveau beginnen. Inzwischen beliefert das Trüffelwerk zudem verschiedene Restaurants und Märkte in der Region. Aktuell wachsen in den vier Fruchträumen Rosen-, Zitronen- und Austernseitlinge und zweitweise auch Kräuterseitlinge, Shiitake und Pioppino – alles aus biologischem Anbau.

Bei alldem liegt dem Paar eine nachhaltige, regionale Produktion samt Müllvermeidung am Herzen. Darum erfolgt die Zucht weitestgehend in wiederverwendbaren Kulturbehältern, in einem mit Sporen geimpften Geflecht aus Holz- und Strohsubstrat wachsen die Pilze heran. Vom Zeitpunkt der Impfung bis zur Erntereife dauert es gerade einmal acht bis zehn Wochen. Zusätze wie Kaffeesatz oder Malztreber aus der regionalen Lebensmittelproduktion helfen dabei, den Ertrag an Pilzen kostengünstig zu steigern, und leisten gleichzeitig einen wichtigen Beitrag zur Kreislaufwirtschaft. Verbrauchtes Pilzsubstrat, ein vermeintliches Abfallprodukt, wird zum Beispiel zum Anlegen kleiner Pilzbeete in ehemaligen Pflanzbecken der Gärtnerei wiederverwendet.

> „Es gibt im Bereich Pilzbau keine Ausbildung, ich habe einfach viel ausprobiert."

Mit Geduld zu schwarzem Pottgold. Wer nun meint, es sei an der Zeit, nach dem Stress der Anfänge etwas mehr Muße in der ehemaligen Gärtnerei einkehren zu lassen, der irrt gewaltig. Die Reaktivierung der Pflanzbeete in einen Gemüsegarten steht ebenso auf dem Plan wie die Vorfreude auf die erste Trüffelernte. Um ihre Zucht mit der Königin der Pilze zu krönen, hat Sarah 2017 auf einer Freifläche von 3.600 Quadratmetern 220 mit Sporen von Burgunder-Trüffeln beimpfte Laubbaumsetzlinge gepflanzt. Allerdings ist der Anbau des „schwarzen Goldes" eine eher langfristige Investition, der Erfolg wird sich erst fünf bis zehn Jahre nach der Anpflanzung zeigen.

Möge das Wurzelwerk der Trüffeln ebenso gut wachsen wie die übrigen Pilze im Trüffelwerk. Bis dahin werden hier ganz sicher noch viel mehr kreative, nachhaltige Ideen wie Pilze aus dem Boden schießen.

Der milde und feine Geschmack von Austernpilzen eignet sich hervorragend für eine cremige Suppe.

Austernpilzcremesuppe

mit Trüffelbrot

Zutaten für 4 Personen

Für das Trüffelbrot:
500 g Weizenmehl
300 ml Milch
1 Würfel Hefe
1 TL Zucker
3 EL Trüffelöl
2 TL Salz

Für die Austernpilzcremesuppe:
600 g Austernpilze
2 Zwiebeln
2 Knoblauchzehen
50 g Butter
3 l Gemüsebrühe
einige Stiele Petersilie
600 g Sahne
Salz, Pfeffer aus der Mühle
Croûtons

1. Für das Trüffelbrot das Mehl in eine Schüssel füllen. Die Milch lauwarm erhitzen, Hefe und Zucker darin auflösen. Die Mischung mit dem Öl und dem Salz zum Mehl geben. Alles mit den Knethaken des Handrührgeräts oder der Küchenmaschine zu einem glatten Teig kneten. Zugedeckt etwa 1 Stunde an einem warmen Ort gehen lassen.

2. Den Teig auf einer bemehlte Arbeitsfläche zu einer Baguettestange formen und bei 210 °C Umluft etwa 80 Minuten backen.

3. Für die Suppe die Pilze putzen und klein schneiden. Zwiebeln und Knoblauch schälen und in kleine Würfel schneiden. Die Butter in der Pfanne zerlassen. Die Pilze mit den Zwiebeln darin anbraten, zuletzt den Knoblauch dazugeben und kurz mitanbraten.

4. Die Brühe in einem Topf erhitzen. Gebratenen Pilze, Zwiebeln und Knoblauch dazugeben und mindestens 15 Minuten köcheln lassen.

5. Die Suppe pürieren. Die Petersilie waschen, trocken schütteln, einige Blättchen zum Garnieren beiseitelegen. Den Rest klein schneiden, mit der Sahne unter die Suppe rühren und erhitzen. Mit Salz und Pfeffer würzen. Die Suppe in Teller geben, mit Croûtons und Petersilie garnieren und mit dem Trüffelbrot servieren.

Wildschweinbraten

mit Kartoffelbaumkuchen, knusprigen Seitlingen und Salat

Zutaten für 4 Personen

Für den Braten:
2,5 kg Wildschweinbraten
2 EL Bratöl
8 Knoblauchzehen · 3 Zwiebeln
1 großes Bund Schnittlauch
700 ml Schwarzer-Johannisbeer-Sirup · 120 ml Olivenöl
Salz, Pfeffer aus der Mühle

Für den Salat:
150 g gemischter Blattalat
500 g Cocktailomaten
2 Gurken
1 Bund Schnittlauch
1 Handvoll Pinienkerne
5–6 frische Pilze (z. B. Limonen- oder Rosenseitlinge)

Für das Salatdressing:
200 ml Essig · 150 g Feta
3 EL Olivenöl · 1 EL Senf
1 EL Zucker oder Honig
4 Frühlingszwiebeln, geputzt
4 Knoblauchzehen, geschält
¼ Päckchen 8 Kräuter (TK)
Salz, Pfeffer aus der Mühle

Für Kartoffelbaumkuchen und Seitlinge:
700 g mehligkochende Kartoffeln
Salz · 2 Zwiebeln
40 g saure Sahne
30 g Crème fraîche
10 g Butter · 3 Eier (M)
Pfeffer aus der Mühle
frisch geriebene Muskatnuss
Fett für die Form
500 g Seitlinge
Butter zum Braten

1. Für den Braten den Backofen auf 80 °C vorheizen. Das Fleisch im Öl von allen Seiten anbraten. Auf der mittleren Schiene im Backofen braten, bis der Braten eine Kerntemperatur von 67 Grad hat. Das Fleisch in dünne Scheiben schneiden.

2. Für die Marinade Knoblauch und Zwiebeln schälen und fein würfeln. Den Schnittlauch waschen, trocken schütteln und in Röllchen schneiden. Knoblauch, Zwiebeln und Kräuter mit dem Sirup und dem Öl mischen. Mit Salz und Pfeffer würzen. Das Fleisch mit der Marinade in eine Schüssel schichten und mindestens 3 Stunden ziehen lassen. Es wird später kalt serviert.

3. Den Salat waschen, trocken schleudern und klein zupfen. Die Tomaten waschen und halbieren. Die Gurken waschen und in Scheiben schneiden. Den Schnittlauch waschen, trocken schütteln, in feine Röllchen schneiden. Alle Zutaten auf Tellern anrichten. Die Pinienkerne anrösten und zum Salat geben. Die Pilze putzen, klein schneiden oder hobeln und frisch oder angebraten über den Salat geben.

4. Für das Dressing alle Zutaten im Standmixer zu einer glatten Sauce pürieren, nach Belieben etwas Wasser dazugeben. Gleichmäßig über den Salat träufeln. Übriges Dressing hält sich ein paar Tage im Kühlschrank.

5. Für den Baumkuchen die Kartoffeln schälen, in Salzwasser weich kochen. Das Wasser abgießen. Die Zwiebeln schälen und fein würfeln. Mit saurer Sahne, Creme fraîche, Butter und Eiern zu den Kartoffeln geben und alles zerstampfen. Mit Salz, Pfeffer und Muskatnuss würzen. Die Masse soll nicht zu fest sein, damit sie im Backofen nicht zu trocken wird. Den Backofen auf Grillfunktion stellen. Die Kartoffelmasse auf einem gefetteten Blech oder in einer gefetteten Springform schichtweise backen. Dafür eine dünne Schicht Kartoffelmasse auf das Blech oder in die Form streichen und backen, bis sich oben eine dunkle Schicht bildet. Herausnehmen, eine Kartoffelschicht darüberstreichen und den Vorgang wiederholen, bis die Masse aufgebraucht ist.

6. Die Seitlinge putzen und in die gewünschte Größe schneiden. In etwas Butter anbraten. Mit Salz und Pfeffer würzen. Den kalten Braten mit dem Kartoffelbaumkuchen, den Pilzen und dem Salat servieren. Der übrige Braten hält im Kühlschrank einige Tage.

Schwedischer Schokokuchen

nach westfälischer Art mit Vanilleeis aus Wachtelei

Zutaten für 4 Portionen Eis und eine Springform mit 26 cm Durchmesser

Für das Vanilleeis aus Wachteleiern:
12 Wachteleier (oder 3 Hühnereier)
3 EL Zucker
30 g Sahne
1 Päckchen Vanillezucker

Für den Schokokuchen:
100 g Butter
100 g Vollmilchkuvertüre
12 Wachteleier (oder 3 Hühnereier)
300 g Zucker
100 g Mehl
Fett für die Form

1. Für das Eis die Eier mit dem Zucker mit den Quirlen des Handrührgeräts oder der Küchenmaschine schaumig schlagen. Die Sahne mit dem Vanillezucker steif schlagen und unter die Eiermasse heben. Das Eis in eine Form füllen und 6 bis 8 Stunden tiefkühlen. Nach etwa 2 Stunden noch einmal umrühren.

2. Den Backofen auf 180 °C Umluft vorheizen. Eine Springform einfetten. Die Butter und die Kuvertüre in einem Topf langsam schmelzen. Die Eier mit dem Zucker verquirlen. Die Schokoladenbutter untermischen. Das Mehl dazugeben und alles glatt rühren.

3. Den Schokoladenteig in die Form füllen und im Backofen auf der mittleren Schiene etwa 30 Minuten backen. Den Kuchen am besten noch warm mit dem Vanilleeis servieren.

Hier entstehen auf den nur 20 Quadratmetern nach traditionellem Kaltmahlverfahren verschiedene Senfsorten höchster Qualität. Namen wie „Süße Sauerländerin“, „Feine Münsterländerin“ und „Grober Westfale“ klingen verheißungsvoll und lassen Geschmack wie Textur erahnen.

Martin Riffelmann

Wenn der Mediziner zum Senfmüller wird – im Hochsauerland bringt Familie Riffelmann mit einer eigenen Manufaktur viel Würze ins Glas.

Mit Passion zur Lebenstraumerfüllung. Der Resthof in Schmallenberg im Herzen des Hochsauerlands ist seit Generationen in Familienbesitz. Früher hatte die Großmutter von Martin Riffelmann hier eine kleine Landwirtschaft mit einigen Kühen, Schweinen, Hühnern und Bienen. Heute lebt der 38-Jährige mit Ehefrau Sabine sowie den Kindern Leonard, Theresia und Konrad und hält wieder Hühner. Auch Bienenvölker stehen wie früher am Hof und liefern den Honig für seinen Senf. Neuester Zuwachs sind einige Ziegen, die die Familie von Martins "Land & lecker"-Kollegin Sonja Girndt bekommen hat. Er und Sabine stammen beide aus dem Sauerland, hatten der Heimat nach der Schule für Ausbildung und Studium zwar vorübergehend den Rücken gekehrt, sind anschließend aber wieder zurückgekommen – Sauerländer aus Leidenschaft eben, so ist das hier. „Für uns ist das der perfekte Ort zum Leben. Auf jeden Fall sind wir Familienmenschen und wir sind stolz, einen so tollen Zusammenhalt zu haben“, schwärmt das Paar.

Von groben Westfalen und süßen Sauerländerinnen. Aber Martin ist auch sonst ein leidenschaftlicher Mensch und vor allem isst er schon immer sehr gern Senf. Aus dieser Passion entstand eines Tages die Idee, die würzige Zutat selbst herzustellen. „Ich war schon immer Senffan und wollte ein Lebensmittel machen, das eine gute Qualität hat, das wir regional produzieren können und das schmeckt“, erzählt der Allgemeinmediziner, der hauptberuflich in einer Praxis am Ort arbeitet. Von diesem Zeitpunkt an bis zum ersten selbst gemahlenen Senf in der eigenen Senfmühle sollten allerdings noch ganze sieben Jahre vergehen.

Den Senf dazugegeben. Seit 2016 mahlt der Schmallenberger im ehemaligen Bienenhaus des alten Familienhofs, das er selbst restauriert und innen entsprechend umgebaut hat, seinen eigenen Senf. Restauriert wurde mit viel Respekt und Liebe zum Ursprungsbau, man kann die ehemalige Nutzung zum Beispiel noch an den erhaltenen hölzernen Einflugschneisen für die Bienen erkennen. Das Herzstück der Senfmühle sind

> „Wir brauchen für einen guten Senf nur vier Zutaten: die Senfsaat, Essig, Wasser und Salz.“

zwei massive Granitsteine von jeweils 300 kg Gewicht, mit denen die hochwertigen Zutaten aromaschonend in Handarbeit verarbeitet werden. „Die Senfherstellung ist von den reinen Zutaten her sehr einfach“, erklärt Martin. „Wir brauchen für einen guten Senf nur vier Zutaten: die Senfsaat – hier kombinieren wir aus braunen und gelben Samen –, dann brauchen wir Essig, Wasser und Salz.“ Nach dem Zusammenfügen der Zutaten findet ein natürlicher Enzymprozess statt, der am Ende den Geschmack und das Aroma bringt. Durch das Vermahlen bekommen die Zutaten ihre cremige Konsistenz, durch die richtige Wahl des Mahlgrads können sich die ätherischen Öle optimal entfalten. „Man ist hier in einer völlig anderen Welt – wenn ich in der Mühle arbeite, hat das fast etwas Meditatives. Es ist eine schöne, interessante Abwechslung vom Alltag“, schwärmt der Senfmüller.

Aber Martin will seinen Senf auch anderswo dazugeben. So hat er im Ort mit dem Metzger eine Senfwurst entwickelt, mit einem Bäcker ein Senfbrot kreiert. Auf Festen servieren die Riffelmanns aus ihrem Mietgrillwagen, der „Senfte“, eigene Speisen … mit Senf, versteht sich. Die Liebe zu Heimat und Familie erdet ihn, daneben wirkt sie motivierend für neue Ideen – es bleibt spannend, welche Senfgeschichten es in Zukunft zu erzählen geben wird.

Wildschweinkeule

mit Honig-Senf-Kruste auf Rosmarinkartoffeln, Speckbohnen und Salat

Zutaten für 4 Personen

Für den Braten:
1 kg ausgelöster Wildschweinbraten (aus der Keule)
3 Möhren · 200 g Schalotten
5 EL Butterschmalz
1 EL Tomatenmark
4–5 EL mittelscharfer Senf (z. B. „Müller“)
4–5 EL Honig
Salz, Pfeffer aus der Mühle
300 ml Gemüsebrühe
250 ml trockener Weißwein

Für die Bohnen:
500 g grüne Bohnen
125 g durchwachsener Speck
3 EL Öl · 30 g Butter
2 Stiele Bohnenkraut
Salz, Pfeffer aus der Mühle

Für die Rosmarinkartoffeln und Senfeier:
750 g kleine Kartoffeln
Butterschmalz zum Braten
Salz, Pfeffer aus der Mühle
1 Zweig Rosmarin
4 hart gekochte Eier (M)

Für den Salat:
1 Holzbrett zum Räuchern (z. B. Fichtenholz)
1–2 Forellenfilets · Salz
1 Kopf Romanasalat
6 kleine Cherrytomaten
2 Zweige Dill · 5 EL Olivenöl
3 EL Balsamico bianco
1 EL grober Senf (z. B. „Grober Westfale“) · Zucker, Pfeffer
schwarzer Sesam

1. Das Holzbrett zum Räuchern etwa 2 Stunden wässern. Den Grill vorheizen.

2. Das Fleisch von Fett, Häuten und Sehnen befreien. Die Möhren schälen und in Scheiben schneiden. Die Schalotten schälen und klein schneiden. Das Butterschmalz in einem Bräter erhitzen, das Fleisch darin rundherum anbraten, herausnehmen. Möhren und Schalotten im Fett etwa 5 Minuten anbraten. Das Tomatenmark unterrühren.

3. Senf und Honig verrühren. Das Fleisch salzen, pfeffern, rundherum mit der Honig-Senf-Marinade bestreichen und zum Gemüse geben. Brühe und Weißwein dazugießen und den Braten zugedeckt im Grill bei schwacher Hitze (etwa 75–100 °C) für etwa 2 ½ Stunden garen. Zwischendurch immer wieder mit der Marinade bestreichen. Wer ein Fleischthermometer besitzt: Das Fleisch ist fertig, wenn es eine Kerntemperatur von 68–75 °C hat.

4. Die Bohnen putzen. Den Speck klein würfeln, in einer Pfanne im Öl scharf anbraten. Bohnen und Butter dazugeben, kurz anbraten, dann 10 Minuten bei schwacher Hitze ziehen lassen. Das Bohnenkraut waschen, trockentupfen, die Blättchen abzupfen und unterrühren. Mit Salz und Pfeffer würzen.

5. Die Kartoffeln mit Schale in reichlich Salzwasser garen. Das Butterschmalz in einer Pfanne erhitzen und die Kartoffeln darin schwenken, mit Salz und Pfeffer würzen. Den Rosmarin waschen, trocken schütteln, die Nadeln abzupfen und zu den Kartoffeln geben. Die Eier pellen, vierteln.

6. Die Forellen waschen, trocken tupfen, leicht salzen und auf das nasse Holzbrett legen. Sehr langsam im Grill garen, bis der Fisch glasig bis durchgebraten ist.

7. Den Salat waschen, trocken schleudern und klein zupfen. Die Tomaten waschen und über den Salat geben. Den Dill waschen, trocken tupfen, das feine Grün abzupfen und hacken. Öl und Essig mit dem Senf verrühren und mit Zucker, Salz und Pfeffer abschmecken, etwas Dressing für die Eier beiseitestellen. Das übriges Dressing mit dem Dill vermischen. Die Forelle vor dem Servieren in Stücke teilen und zum Salat geben. Das Dilldressing über dem Salat verteilen. Mit Sesam bestreuen.

8. Das Fleisch aufschneiden und mit dem Gemüsefond, Bohnen, Kartoffeln und Eiern auf Tellern anrichten. Die Eier mit dem übrigen Senfdressing beträufeln. Den Salat separat dazu reichen.

Senfsuppe

mit Roter Bete und Brot mit Omas Hanfbutter

Zutaten für 4 Personen

Für die Rote-Bete-Senfsuppe:
3 große Rote Beten · 150–200 g Sahne
2 EL körniger Senf (z. B. „Grober Westfale“)
1 EL gekörnte Brühe
1 Schuss Zuckerrohrsirup oder anderer Sirup · Salz
Pfefferkörner zum Bestreuen

Für die Hanfbutter:
100 g rote Zwiebeln · 500 g weiche Butter
100 g Hanfsenf (z. B. „Henf“)
Salz , Pfeffer aus der Mühle
Schnittlauchröllchen zum Garnieren · frisches Brot

1. Die Roten Beten schälen, in Stücke schneiden und in einem Topf mit 300 ml Wasser etwa 15 bis 20 Minuten weich kochen. Die Stücke pürieren, Sahne, Senf und Brühe unterrühren, kurz köcheln lassen. Nach Belieben noch etwas Wasser oder Sahne dazugeben. Mit Sirup und Salz abschmecken.

2. Für die Hanfbutter die Zwiebeln schälen und in ganz feine Würfel schneiden. Die Butter mit den Zwiebeln, dem Senf, Salz und Pfeffer mit einem großen Löffel oder dem Handrührgerät gut vermischen. Die Hanfbutter in kleine Schälchen füllen und mit Schnittlauch garnieren.

3. Vor dem Servieren einige Pfefferkörner im Mörser grob zerstoßen und die Suppe damit bestreuen. Die Rote-Bete-Senfsuppe mit frischem Brot und der Hanfbutter servieren.

Birnen-
Senf-
Sorbet

Zutaten für 4 Personen

640 g Birnen · ½ Vanilleschote · 2 EL Honig
2 TL Honigsenf (z. B. „Süße Sauerländerin")
Puderzucker (nach Belieben) · Schokoladenbruch zum Garnieren

1. Die Birnen schälen, vierteln und das Kerngehäuse entfernen. Die Birnenviertel für ein paar Stunden einfrieren.

2. Die Vanilleschote längs aufschneiden und das Mark mit einem spitzen Messer herauskratzen. Die Birnen mit dem Vanillemark, dem Honig, dem Honigsenf und nach Belieben etwas Puderzucker in einem Standmixer ganz kurz auf höchster Stufe mixen, bis eine homogene Masse ohne Stückchen entsteht.

3. Die Masse schnell, damit sie nicht auftaut, in einen Spritzbeutel füllen und auf Teller oder in Gläschen spritzen, mit etwas Schokoladenbruch garnieren und sofort servieren.

Die Milch glücklicher Ziegen verarbeitet Sonja in ihrer kleinen Käserei zu aromatischen Produkten, die zweimal wöchentlich im Hofladen verkauft werden. Dann gibt es dort frische Ziegenmilch, zarten Ziegenkäse, gesunde Ziegenmolke und ab und an sogar Ziegenfleisch.

Sonja Girndt

Wenn Glück nicht nur guttut, sondern auch gut schmeckt – am Niederrhein meckern fröhliche Ziegen und geben feinste Milch.

Die Ziegenflüsterin vom Niederrhein. Auf dem Buschmannshof in Neukirchen-Vluyn am Niederrhein, knapp 20 Kilometer von Duisburg entfernt, leben Sonja Girndt und ihr Mann Carsten Erxleben mit etwa 20 Ziegen ein glückliches Leben. „Die Ziegen und ich, wir haben eine innige Verbindung. Es ist für mich wie Medizin, hier im Stall zu sitzen und mit denen zu schmusen", schwärmt die 54-Jährige und krault eine ihrer „Mitarbeiterinnen", wie sie die Ziegen respektvoll bezeichnet, hinter den Ohren. Die Milch der Tiere wird in der hofeigenen kleinen Käserei „Zur lachenden Ziege" verarbeitet. Wer sich fragt, wie es zu diesem ungewöhnlichen Namen gekommen ist, dem erklärt Sonja: „Wir möchten, dass die Ziegen lachen. Sie sollen es gut haben und artgerecht gefüttert, gehalten werden – das schmeckt man auch am Käse und in der Milch." Ihr Mann Carsten trägt so viel er kann zum Gelingen des Projekts bei. „Auf Ziegen wäre ich alleine nie gekommen … die Entscheidung, eine Ziege anzuschaffen, haben wir zusammen getroffen. Die Idee dazu kam von Sonja. Wenn mir jemand vor 15 Jahren gesagt hätte ‚Du wirst mal Ziegenchef', dem hätte ich gesagt ‚Du spinnst!'", erzählt der hauptberufliche Webdesigner lachend, gibt aber offen zu, mit ganzem Herzen bei der Sache mit den Ziegen zu sein.

Gemeinsam geht es besser. Die Geschichte des Buschmannshofs reicht bis ans Ende des 18. Jahrhunderts zurück, die aktuelle Familien-Hofhistorie beginnt allerdings viel später. Sonjas Vater hatte ihn, unbewohnt und vernachlässigt, 1982 zufällig beim Joggen entdeckt, mit seiner Frau gekauft, ihn restauriert und eine Schafzucht darin begonnen. Sonja und ihre beiden Geschwister sind nach der Schule erst einmal in die Ferne gezogen, inzwischen jedoch alle drei mitsamt ihren Familien auf den Hof zurückgekehrt – so leben hier vier Generationen mit acht Erwachsenen und vier Kindern. Klar gibt es bei so vielen Menschen mit unterschiedlichen Vorstellungen und Ideen hin und wieder Reibungspunkte, aber die werden bei Kaffee und Kuchen ausdiskutiert und man kommt immer wieder auf einen gemeinsamen Nenner. Da lässt sich wirklich nicht meckern – wenn das auf der Welt nur überall so wäre!

> „Wir möchten, dass die Ziegen lachen – das schmeckt man auch am Käse und in der Milch."

Da kann keine(r) meckern. Aber meckern tun auf dem Hof eh nur die Ziegen, und wenn sie das tun, dann ganz sicher, weil es ihnen auf dem Hof wirklich richtig gut geht. Seit 2013 sind Sonja und Carsten sachkundegeprüfte Ziegenhalter, Fans der natürlichen Tierhaltung waren sie schon immer, deswegen betreibt das Paar den Hof nach den Richtlinien ökologischen Landbaus. Gefüttert wird nur mit dem, was den Ziegen guttut und ökologisch sinnvoll ist: frisches Grünlandfutter, Heu und Getreide. Das gibt den guten Inhaltsstoffen der Milch gegenüber herkömmlichen Produkten einen zusätzlichen Push. Gesunde Heumilch von glücklichen Ziegen ist darum auch das Pfund, mit denen die Käserei wuchern darf. Alle zwölf Stunden wird gemolken, anschließend gibt es für die „Mitarbeiterinnen" ein Leckerchen zur Belohnung und als Motivationshilfe für den nächsten Gang zur Melkstation. Nach dem Erwärmen der Milch fügt Sonja Käsekulturen hinzu, etwas später das mikrobielle Lab. „Käse machen habe ich gelernt, indem ich es immer wieder gemacht habe", erklärt sie lachend.

Auch glückliche Menschen dürfen und sollen weiterhin träumen – Sonjas Traum ist es, eines Tages von den Einnahmen aus der Käserei leben zu können. Im Team mit ihrem Mann Carsten und möglichst vielen glücklichen Ziegen sollte das funktionieren!

Gefüllter Zickleinbraten

mit Gartengemüse

Zutaten für 4 Personen

Für die Füllung:
2 EL Pinienkerne
3–4 getrocknete Tomaten in Öl
2 Knoblauchzehen
1 Bund Petersilie
4 EL Ziegenfrischkäse
Salz, Pfeffer aus der Mühle

Für das Fleisch:
1 kg Zickleinkeule (mit Knochen)
Salz, Pfeffer aus der Mühle
3–4 Knoblauchzehen
je 2–3 Zweige frischer Rosmarin und Thymian
3 EL Olivenöl
Küchengarn

Für das Gemüse:
8–12 kleine Möhren mit Grün
2–3 Kohlrabi
1 EL Butter
Salz, Pfeffer aus der Mühle
Zucker
Sahne

1. Den Backofen auf 220 °C vorheizen. Für die Füllung die Pinienkerne in einer Pfanne ohne Fett leicht anrösten. Die Tomaten abtropfen lassen und in kleine Stücke schneiden. Den Knoblauch schälen und durchpressen. Die Petersilie waschen, trocken schleudern und fein hacken. Den Ziegenfrischkäse mit den Pinienkernen, den Tomaten, dem Knoblauch und der Petersilie verrühren, mit Salz und Pfeffer würzen.

2. Den Knochen der Zickleinkeule auslösen. Beides waschen und trocken tupfen. Das Fleisch mit Salz und Pfeffer würzen. Die Füllung darauf verteilen. Das Fleisch einrollen und mit Küchengarn zusammenbinden.

3. Die Knoblauchzehen schälen. Die Kräuter waschen und trocken schütteln. Das Olivenöl in einen Bräter geben. Das Fleisch, den Knochen, den Knoblauch und die Kräuter hineinlegen. Im Backofen auf der mittleren Schiene 30 Minuten anbraten. Zwischendurch mehrmals wenden. Dann die Temperatur auf 150 °C reduzieren und das Fleisch etwa 1 ½ Stunden garen. Immer wieder mit dem Öl aus dem Bräter begießen.

4. Für das Gemüse die Möhren schälen, ganz lassen, auch den grünen, zarten Krautansatz an den Möhren lassen. Die Kohlrabi schälen und in Stücke schneiden. Möhren und Kohlrabi in der Butter bissfest garen. Mit Salz, Pfeffer und Zucker würzen und mit 1 Schuss Sahne abschmecken.

5. Den Zickleinbraten aus dem Bräter nehmen, kurz ruhen lassen. Das Küchengarn entfernen, das Fleisch in Scheiben schneiden und auf Tellern mit dem Gemüse anrichten. Das Fleisch mit dem Sud aus dem Bräter begießen.

Baguettehappen

mit Frischkäse und Schinken

Zutaten für 3 Baguettes

900 g Weizenmehl (Type 550) · 650 ml kaltes Wasser
50 g Sauerteig · 50 g Roggenmehl · 20 g Salz
20 g Hefe

Außerdem:
Hartweizengrieß
Frischkäse und Schinken zum Belegen

1. Für die Baguettes alle Zutaten mit den Knethaken des Handrührgeräts oder der Küchenmaschine zu einem geschmeidigen Teig kneten. Den Teig zugedeckt an einem warmen Ort etwa 1 ½ Stunden gehen lassen.

2. Den Teig in 3 Portionen teilen, zu Kugeln formen und nochmal 20 Minuten gehen lassen. Jede Kugel zu einem Baguette formen. Mit etwas Wasser besprühen, in Hartweizengrieß wälzen und nebeneinander auf ein Backblech legen. Nochmals 45–60 Minuten zugedeckt gehen lassen.

3. Den Backofen auf 250 °C vorheizen. Die Baguettes im Backofen auf der mittleren Schiene 35 bis 45 Minuten backen. Vor dem Belegen etwas auskühlen lassen.

4. Die warmen Baguettes in Scheiben schneiden. Mit Frischkäse bestreichen und mit fein geschnittenem Schinken belegen.

Apfeltiramisu

mit Ziegenquark

Zutaten für 4 Personen

400 g Äpfel · 2 TL Zitronensaft · 50 g Zucker
Mark von 1 Vanilleschote · 5 EL Ziegenmilch
400 g Ziegenquark · 250 g Sahne
60 g Amarettini oder andere knusprige Kekse
Kakao oder Zimtzucker zum Bestreuen (nach Belieben)

1. Die Äpfel schälen, in kleine Würfel schneiden und dabei das Kerngehäuse entfernen. Die Apfelwürfel in einem Topf mit dem Zitronensaft und 1 EL Zucker etwa 10 Minuten dünsten und dann abkühlen lassen.

2. Die Vanilleschote längs aufschneiden und das Mark mit einem spitzen Messer herauskratzen. Vanillemark und -schote in der Ziegenmilch einmal aufkochen. Abkühlen lassen und die Schote herausnehmen.

3. Den Ziegenquark mit der Vanillemilch und dem restlichen Zucker cremig aufschlagen.

4. Die Sahne steif schlagen und unterheben.

5. Kleine Dessertschalen mit den Keksen auslegen und das Apfelmus und die Creme daraufschichten. Nach Belieben mit Kakao oder Zimtzucker bestreuen.

Eine verwunschene Oase: Aus dem ehemaligen Grundstock eines Freundes sind inzwischen über 600 verschiedene, außergewöhnliche und fast verschwundene Kräuter- und Gemüsesorten aus aller Welt geworden, die auf den rund 5.000 Quadratmetern der Gärtnerei wachsen.

Gregor Keller

Mit Zufall und einer Prise Magie zur Kräutervielfalt – am Rande des Ruhrpotts hütet ein Gärtner verschiedene, fast verschwundene Kräuter.

Der „heilige Acker“ von Datteln. Im nördlichen Ruhrgebiet am Ortsrand von Datteln befindet sich die Biogärtnerei von Gregor Keller. Hier lebt und arbeitet er mit seiner Frau Simone und Tochter Naomi. Die Gärtnerei selbst besitzt zwei magische Standbeine – die Gartenmagie Keller und die Kräutermagie Keller. Im erstgenannten Bereich bieten der gelernte Gärtnermeister und sein Team verschiedenste Arbeiten um das Thema Gartenpflege und -gestaltung an. Doch je länger man dem 59-Jährigen zuhört, umso klarer wird: Seine Leidenschaft gehört den Kräutern, die ihn in ihren Bann gezogen haben, seit ihm vor 15 Jahren durch die Gärtnerei-Auflösung eines Freundes ein Sammelsurium über 200 unterschiedlichster Kräuter in den Schoß gefallen ist. „Das Witzige ist, dass ich die Kräutergärtnerei eigentlich gar nicht geplant hatte“, berichtet Gregor schmunzelnd. Der gelernte Bauschlosser nennt seine Kräutergärtnerei, die wie eine Insel zwischen den Feldern der benachbarten Bauern liegt, gern „heiliger Acker“, weil sie für ihn ein ganz besonderer Ort ist, hier ist er angekommen.

Über Umwege zum Kräuterglück. Dabei war Gregors vorheriger Weg nicht immer geradlinig – die Idee zur Gärtnerlehre kam dem ehemaligen Jazzkneipenbesitzer, weil er als selbsternannter Sprachmuffel die Welt gern ohne Verständigungsschwierigkeiten bereisen und überall arbeiten wollte: „Pflanzen heißen durch ihre lateinischen Namen auf der ganzen Welt gleich, das heißt, ich kann in Irland, in Japan oder in Südafrika arbeiten“, erklärt der verschmitzte Dattelner. Eigentlich eine ganz schön clevere Überlegung und der Plan wäre ganz bestimmt auch aufgegangen, wenn Gregor nicht kurz vor dem Start in die große weite Welt seine Simone kennengelernt hätte. „Das Verlangen wegzuziehen war dann nicht mehr so stark“, gibt Gregor zu und strahlt dabei seine 58-jährige Frau an. Die Leidenschaft für das Gärtnern ist trotzdem geblieben, Simone auch, sie ist Lehrerin geworden, und als vor etwas über 20 Jahren Tochter Naomi zur Welt kam, haben die drei in der Gärtnerei ihr gemeinsames Glück gefunden.

Im Beet ist alles bio. Alle Pflanzen stammen aus eigener Produktion, darunter Kräuter für die Küche, Heilkräuter, Duft- und Gemüsepflanzen, etwa 20 unterschiedliche Tomatensorten, Chilis, skurrile Sorten wie Lakritz- oder Colakraut und vieles mehr. Beerenobst und Stauden ergänzen das Sortiment. Gregor ist auf diese Vielfalt genauso stolz wie auf die Tatsache, dass alles bio ist – hier wird nach den Bioland-Richtlinien gedacht und gearbeitet. So steht das Unkrautjäten auf der täglichen To-do-Liste, denn die Wildkrautentfernung erfolgt beispielsweise nur durch Hacken, Freischneiden oder eben mit der Hand. Der Einsatz von künstlichen Düngern, Pestiziden und sonstigen Pflanzenschutzmitteln ist ausgeschlossen. „Das Säubern an der Pflanze ist schon richtig viel Arbeit …, aber ich habe mich dazu entschlossen, Biogärtner zu sein, das kommt von meinem Herzen, ich bin so groß geworden“, erklärt Gregor rundum zufrieden mit dem, was er geschaffen hat.

„Das Samensammeln ist das Sichern der Generation für die Zukunft.“

Das Wichtigste an der Gärtnerei ist das Samensammeln, „das ist das Sichern der Generation für die Zukunft“, weiß der Kräuterfachmann. Die Samen sind das „Gold des Gärtners“. Bei diesen Arbeiten wird er von der Familie unterstützt. Bei Familie Keller hat das gegenseitige Vertrauen in- und aufeinander zur Kräutermagie geführt. Ihr Ziel ist es, im dynamischen Fluss den Weg der Veränderungen mitzugehen. Mögen beruflich wie privat noch viele magische Momente folgen.

Viererlei Kräuterbutter

mit Baguette

Zutaten für 4 Personen

Für die Kräuterbutter pikant:
125 g weiche Butter · 1 TL Chiliöl
Meersalz
2 Blätter geschnittene Senfkresse
Chilischote zum Garnieren

Für die Knoblauch-Kräuterbutter:
125 g weiche Butter
2 fein gewürfelte Knoblauchzehen
3 Halme geschnittener Zimmerknoblauch
Meersalz, Pfeffer aus der Mühle
Zimmerknoblauchblüten zum Garnieren

Für die mediterrane Kräuterbutter:
125 g weiche Butter
½ TL fein gehackte Rosmarinnadeln
½ TL gehackter Oregano
½ TL abgezupfte Thymianblättchen
½ TL fein geschnittener französischer Estragon
Meersalz, Pfeffer aus der Mühle
1 Zweig Rosmarin zum Garnieren

Für die süße Kräuterbutter:
125 g weiche Butter
5 fein geschnittene Steviablätter
5 fein geschnittene Blüten vom aztekischen Süßkraut
2 TL Kokosblütenzucker
Meersalz
Steviablätter zum Garnieren

Außerdem:
1 ofenfrisches Baguette

1. Für die pikante Kräuterbutter die Butter mit dem Chiliöl vermengen, mit Meersalz abschmecken und die Senfkresse unterrühren. Mit der Chilischote garnieren.

2. Für die Knoblauch-Kräuterbutter die Butter mit dem Knoblauch und dem Zimmerknoblauch vermengen. Mit Meersalz und Pfeffer abschmecken und mit den Blüten garnieren.

3. Für die mediterrane Kräuterbutter die Butter mit den Kräutern vermengen und mit Meersalz und Pfeffer abschmecken. Mit dem Rosmarinzweig garnieren.

4. Für die süße Kräuterbutter die Butter mit Steviablättern und Süßkrautblüten vermengen. Mit Kokosblütenzucker und Salz abschmecken. Mit Steviablättern garnieren.

5. Das ofenfrische Brot in Scheiben schneiden und die Buttervariationen dazu reichen.

Tipps:
- Die übrige Kräuterbutter hält sich einige Tage im Kühlschrank.
- Kräuter sollten immer mit einem sehr scharfen Messer geschnitten werden, damit sie nicht zerquetscht werden und somit ihr volles Aroma behalten.
- Für selbst gemachtes Chiliöl: Chilischoten trocknen und dann in gutem Olivenöl 3 Wochen ziehen lassen.

Lammkeule in Kräutermarinade

mit Gemüse, Pommes und Salat

Zutaten für 4 Personen

Für die Lammkeule:
1 Lammkeule (ca. 3,5 kg)
3 Knoblauchzehen
5 EL Olivenöl
1 EL gehackte Rosmarinnadeln
1 EL Thymianblättchen
1 EL gehackter Oregano
2 EL körniges Salz
2 TL schwarzer Pfeffer aus der Mühle

Für den Salat:
4 Töpfe Asia-Salat oder 2 Pak Choi
1 vollreife Avocado
2 EL Olivenöl · 1 TL Meersalz
schwarzer Pfeffer aus der Mühle
8 Cherrytomaten
1 Gurke · 4 EL Sonnenblumenkerne
Salatdressing nach eigener Wahl

Für die vegane Mayonnaise, Currysauce und Pommes:
500 g Seidentofu · 1 TL Meersalz
2 EL Zitronensaft
150 ml mildes Olivenöl
1 kg Tomaten (verschiedene Sorten)
1 TL Pfeffer aus der Mühle
3 EL edelsüßes Paprikapulver
2 EL Currypulver
1 kg festkochende Biokartoffeln
2 EL Öl, Salz

Für das Gemüse:
1 Aubergine · 2 Möhren
1 Petersilienwurzel · 2 Zucchini
4 Schalotten · 5 EL Olivenöl
1 TL Salz
1 TL Pfeffer aus der Mühle

1. Die Lammkeule vom Knochen lösen und das Fleischstück zu einem großen, gleichmäßig dicken Stück zurechtschneiden. Den Knoblauch schälen und fein würfeln. Das Öl mit Knoblauch, Kräutern, Salz und Pfeffer verrühren und in das Lammfleisch einmassieren. Abgedeckt in einer Schüssel etwa 12 Stunden im Kühlschrank ziehen lassen.

2. Den Salat putzen, waschen, klein schneiden und auf Tellern verteilen. Die Avocado halbieren, den Stein entfernen und das Fruchtfleisch schälen. Die Avocado pürieren und mit Öl, Salz und Pfeffer würzen. Mittig auf dem Salat verteilen. Die Tomaten waschen, vierteln, Stielansätze entfernen. Die Gurke waschen, klein schneiden und mit den Tomaten über dem Salat verteilen. Die Sonnenblumenkerne ohne Fett anrösten und darüberstreuen. Salatdressing nach Wahl darüberträufeln.

3. Für die vegane Mayonnaise Seidentofu, Meersalz, etwas Zitronensaft und Olivenöl mit dem Stabmixer auf höchster Stufe pürieren. Für die Currysauce die Tomaten waschen, in Würfel schneiden, dabei die Stielansätze entfernen. In einem Kochtopf bei mittlerer Hitze so lange köcheln lassen, bis die Masse flüssig wird. Die Tomaten fein pürieren und so lange auf ganz niedriger Hitze weiterköcheln, bis die Masse sämig ist. Mit Salz, Pfeffer, Paprika, Curry und Zitronensaft würzen.

4. Für die Pommes den Backofen auf 200 °C Umluft vorheizen. Die Kartoffeln waschen, die Schalen abbürsten. Die Kartoffeln zu Pommesstiften schneiden. In einer Schüssel gründlich mit dem Öl vermischen. Die Pommes auf einem Blech mit Backpapier, je nach Dicke, etwa 25 bis 30 Minuten goldbraun backen, dann salzen.

5. Für das Gemüse Aubergine, Möhren, Petersilienwurzel, Zucchini und Schalotten putzen und in kleine Würfel schneiden. Das Olivenöl erhitzen und das Gemüse darin etwa 20 Minuten schmoren. Die Auberginen müssen weich sein, der Rest darf noch Biss haben. Mit Salz und Pfeffer würzen.

6. Den Grill auf 250 °C aufheizen und die Lammkeule auf dem Rost etwa 3 bis 5 Minuten von beiden Seiten anbraten. Dann den Deckel des Grills schließen und das Fleisch darin etwa 20 Minuten grillen, dabei nach 10 Minuten das Fleisch einmal wenden. Das Fleisch herausnehmen und zugedeckt etwa 10 Minuten ruhen lassen. Das Fleisch in dünne Scheiben schneiden, mit Gemüse, Pommes, Dips und dem Salat servieren.

Die Röstaromen der karamellisierten Mandeln ergänzen die Frische von Feigen und Creme perfekt.

Feigentraum

mit Erdmandelcrunch

Zutaten für 4 Personen

2 kg vollreife Feigen
Rum (nach Belieben)
9 g weiße Gelatine
5 TL Kokosblütenzucker
500 g Sahne
50 g Erdmandeln (oder normale Mandeln)
3 EL brauner Zucker
Minzeblätter zum Garnieren

1. Die Feigen waschen, in kleine Würfel schneiden und in einem Topf so lange köcheln, bis die Masse flüssig wird. Wer mag, kann 1 Schuss Rum dazugeben. Das Kompott kalt werden lassen.

2. Für die Creme die Gelatine mit dem Kokosblütenzucker und 100 g Sahne verrühren und kurz quellen lassen. Die restliche Sahne in einem Topf zum Köcheln bringen. Die Gelatine mit etwas warmer Sahne verrühren, dann zur Sahne in dem Topf geben und mit dem Schneebesen so lange unterrühren, bis sich alles aufgelöst hat. Das dauert etwa 5 Minuten. Den Topf vom Herd nehmen und die Hälfte der Sahne auf vier Gläser verteilen und die andere Hälfte in eine Schüssel geben. Beides 4 bis 6 Stunden kühl stellen.

3. Die Erdmandeln zerkleinern. In einer Pfanne mit dem braunen Zucker erhitzen und so lange karamellisieren, bis sie goldbraun glänzen.

4. Vom Feigenkompott 250 g in die Gläser mit der Creme schichten, darauf die Creme aus der Schüssel verteilen, sodass sich drei gleichmäßige Schichten ergeben. Zum Abschluss die karamellisierten Erdmandeln über die Creme streuen und mit Minzeblättern garnieren.

Vom Bergischen Land bis in die Eifel

In dieser Staffel „Land & lecker“ geht es abermals mit dem E-Bike durch ganz Nordrhein-Westfalen, dabei erzählen sechs Landfrauen und -männer von ihrem Leben und Arbeiten auf dem Land. Sei es in Fortsetzung alter Familientradition oder als neu entdeckte Leidenschaft – alle Teilnehmer*innen von Staffel 20 lieben das, was sie auf ihren Höfen für sich und andere erschaffen haben und hoffentlich noch lang tun werden.

Diese Tour startet in der Warburger Börde auf einem Biohof, führt über einen Imker im Bergischen Land und eine Naturpädagogin im Münsterland zu einem Biolandwirt in den Norden von NRW. Dann geht es zu einer Wohngemeinschaft in die Eifel und zum Finale auf einen Gutshof im Münsterland.

Der Biohof Jacobi ist einer der deutschlandweit etwa 290 vom Bundesministerium für Ökologie und Landwirtschaft (BMEL) ausgewählten "Demonstrationsbetriebe Ökologischer Landbau". Kate und Julius gewähren hier allen Interessierten Einblicke in die Ökolandwirtschaft.

Kate Jacobi

Tausche coole Agentur gegen Landleben – in der Warburger Börde hat eine kreative Jungbäuerin ihr Glück auf einem Biohof gefunden.

Glück kann man nicht planen. Dass sich Wünsche wandeln können, dafür ist Kate Jacobi in jeglicher Hinsicht ein hübsches Beispiel. Früher hat sich die 31-Jährige ein Leben in einer hippen Metropole gewünscht – darüber, dass sie vor sieben Jahren ihren coolen Job als Mediengestalterin in einer Agentur aus Liebe zur Natur und zu ihrem heutigen Mann Julius gegen das Landleben eingetauscht hat, ist sie mehr als glücklich: „An dem Leben hier liebe ich die Freiheit … ich kann mir kein anderes Leben mehr vorstellen." Gefunden hat sie ihr Glück im Dörfchen Körbecke, das zur Stadt Borgentreich gehört, die wiederum im Kreis Höxter nahe der hessischen Grenze liegt. Hier lebt das Paar mit Sohn Joost und Julius' Eltern auf dem schwiegerelterlichen Biohof ein abwechslungsreiches und spannendes Hofleben.

„Am Leben auf dem Land liebe ich die Freiheit, kein Tag ist wie der andere."

2020 haben Kate und Julius den Hof übernommen, der bereits mehr als zehn Generationen in Familienbesitz ist. Schwiegervater Josef Jacobi war in den 1980er-Jahren einer der Biopioniere in der Warburger Börde. Die Leidenschaft für Naturschutz, Ökologie und Nachhaltigkeit teilen auch Kate und Julius. Einen modernen, nachhaltigen Betrieb zu führen, hinter dem sie mit ganzem Herzen stehen können, ist dem Paar sehr wichtig. Ihr Ziel ist es, regionale Produkte in Bioqualität zu produzieren und den Tieren ein glückliches Leben zu ermöglichen. Kreislaufwirtschaft als Selbstverständnis.

Die guten Böden der Warburger Börde bilden die Grundlage für den Betrieb von Kate und Julius. Ackerbau, Saatgutvermehrung und Milchviehhaltung sind dabei nicht nur seine drei Standbeine, sondern eine ineinandergreifende ökologische Kreislaufwirtschaft, die den Jacobis besonders am Herzen liegt. Jeder Bereich ergänzt einen anderen und trägt zu dessen Erfolg bei. Ein Beispiel: Die Milch eines Teils der rund 50 in Offenstallhaltung lebenden Kühe verarbeitet Kates Schwiegermutter Heike in ihrer Käserei zu etwa 30 Sorten Käse. Die dabei entstehende Molke wird an die Schweine verfüttert, die in einem großen offenen Stall mit täglich frischem Stroh zum Wühlen natürlich ebenfalls artgerecht gehalten werden. Den Tieren schmeckt's und es entsteht kein Abfall. Zur guten Nährstoffversorgung des Milchviehs wiederum trägt der Anbau der über 40 verschiedenen Sorten Getreide und Leguminosen bei. Diese dienen aber nicht (nur) als Futter, sondern werden primär aufbereitet und vom Hof als Biosaatgut selbst vermarktet. Damit hat Julius' Vater Josef schon in den 1980er-Jahren begonnen und hier Standards gesetzt.

Tieraufzucht mit Verantwortung. Zu den drei Standbeinen Milchviehhaltung, Saatgutvermehrung und Käserei hat sich Anfang 2021 Kates neuestes Projekt dazugesellt – kuhgebundene Kälberaufzucht und Bruder-Bullen. So muss die Familie die Verantwortung für ihre Tiere nicht mehr abgeben und weiß vom Anfang bis zum Ende, was mit jedem Tier geschieht. Die Jungtiere werden von mittlerweile sieben Ammenkühen aufgezogen und nicht mehr in Kälbergruppen nach Alter sortiert aus dem Eimer getränkt. Die männlichen Kälber werden nicht mehr nach drei Wochen an Tierhändler verkauft, sondern bleiben zur Mast bis zur Schlachtung auf dem Hof. All das gibt den Tieren ein gutes Leben und dem Menschen ein verantwortungsvoll gutes Gefühl.

Voller Energie und Tatendrang, aber auch Ehrfurcht blicken die Jacobis in die Zukunft. Gemeinsam werden sie Herausforderungen meistern, neue Wege gehen und dabei versuchen, altbewährtes Wissen zu bewahren.

Kalbsinvoltini

mit Käse, glasierten Möhren und Kartoffelpüree

Zutaten für 6 Personen

Für die Involtini:
1 Bund Basilikum
einige Salbeiblätter
1 Bund Petersilie
175 g Frischkäse
100 g Bergkäse
Salz, Pfeffer aus der Mühle
6 dünne Kalbsschnitzel
12 Scheiben Parmaschinken
Zahnstocher

Für die glasierten Möhren:
9 Möhren
90 g Butter
6–8 EL Honig
500 ml Gemüsebrühe

Für das Kartoffelpüree:
1,5 kg mehligkochende Kartoffeln
Salz
375 ml Milch
3 EL Butter
Pfeffer aus der Mühle
frisch geriebene Muskatnuss

1. Für die Involtini die Kräuter waschen und trocken schleudern. Pro Schnitzel etwa 4 Basilikumblätter beiseitelegen. Das restliche Basilikum und die Salbeiblätter in feine Streifen schneiden, die Petersilie fein hacken. Die Kräuter mit dem Frischkäse vermengen. Den Bergkäse reiben und unter die Frischkäsemasse rühren, mit Salz und Pfeffer würzen.

2. Die Schnitzel nach Belieben würzen, die Basilikumblätter und den Parmaschinken darauflegen. Die Frischkäsefüllung daraufstreichen, dabei seitlich einen Rand von etwa 2,5 Zentimetern lassen. Den Rand einschlagen, die Schnitzel fest aufrollen und mit Zahnstochern fixieren.

3. Die Involtini in einer beschichteten Bratpfanne ohne Fett von allen Seiten kurz scharf anbraten. Zugedeckt bei schwacher Hitze etwa 5 bis 8 Minuten nachziehen lassen.

4. Die Möhren putzen, schälen und in Scheiben schneiden. Die Butter in einer großen Pfanne erhitzen. Darauf achten, dass sie nicht braun wird. Den Honig unterrühren, die Möhren untermischen und etwa 5 Minuten dünsten. Die Gemüsebrühe dazugießen und bei schwacher Hitze köcheln lassen, bis die Flüssigkeit eingekocht und sirupartig ist. Die Möhren dabei wenden, damit sie überall schön glänzen.

5. Die Kartoffeln schälen, waschen und in grobe Stücke schneiden. In Salzwasser zugedeckt etwa 20 bis 25 Minuten kochen. Abgießen und bei sehr schwacher Hitze im offenen Topf ausdämpfen lassen.

6. Die Milch mit der Butter, etwas Salz, Pfeffer und geriebener Muskatnuss aufkochen. Die Kartoffeln mit den Quirlen des Handrührgeräts im Topf fein zerkleinern. Die kochende Milchmischung unterrühren und, falls nötig, nachwürzen.

7. Das Kartoffelpüree mit den Involtini und den Möhren auf Tellern anrichten.

Brat-Mozza

auf Bauernbrot

Zutaten für 6 Personen

4 Mozza aus der Jacobi-Hofkäserei oder Mozzarella
4 Eier (M) · gekörnte Gemüsebrühe · Weißbrotbrösel
Fett zum Braten · 4 Scheiben Bauernbrot

Außerdem:
nach Belieben verschiedene Bauernkäsesorten
Blattsalat mit Dressing nach Wahl

1. Den Mozza oder Mozzarella in dicke Scheiben schneiden. Die Eier mit etwas Gemüsebrühe auf einem tiefen Teller verquirlen. Eine Schicht Weißbrotbrösel auf einen großen Teller geben. Den Käse erst in den Eiern, dann in den Weißbrotbröseln wenden.

2. Die panierten Käsescheiben in einer beschichteten Bratpfanne in reichlich Fett beidseitig kurz scharf anbraten.

3. Den Brat-Mozza jeweils auf 1 Scheibe Brot servieren. Dazu, nach Belieben, noch verschiedene Probierhappen anderer Käsesorten und Blattsalat mit Dressing nach Wahl reichen.

Crumble

aus Johannisbeeren mit selbstgemachter Eiscreme

Zutaten für 6 Personen

Für das Eis:
200 g Sahne · 350 g Vollmilchjoghurt
80 g Puderzucker · 1 EL Zitronensaft

Für den Johannisbeer-Crumble:
1 kg Johannisbeeren · 130 g Zucker · 160 g Mehl · Salz
100 g Butter · Fett für die Formen

1. Die gut gekühlte Sahne halbsteif, also cremig schlagen. Den Joghurt mit dem Puderzucker und dem Zitronensaft verrühren. Die Sahne unterheben. Die Masse in die Eismaschine geben. Je nach Modell dauert es etwa 30 Minuten, bis das Eis fertig ist. Für die Zubereitung ohne Eismaschine die Joghurtmasse in einen Gefrierbehälter geben und etwa 5 Stunden tiefkühlen. Dabei immer wieder kräftig durchrühren, damit nicht zu viele Eiskristalle entstehen. In der ersten Stunde 2- bis 3-mal durchrühren, dann jede Stunde 1- bis 2-mal.

2. Für den Johannisbeer-Crumble sechs feuerfeste Förmchen mit etwa 8 Zentimeter Durchmesser einfetten. Den Backofen auf 200 °C vorheizen. Die Johannisbeeren waschen, von den Stielen zupfen und in einer Schüssel mit 2 EL Zucker vermischen.

3. Das Mehl mit dem restlichen Zucker und 1 Prise Salz in einer Schüssel vermischen. Die Butter in Würfel schneiden und dazugeben. Alles mit den Händen kurz zu einem krümeligen Teig verkneten.

4. Die Johannisbeeren auf die Förmchen verteilen. Üppig mit den Streuseln bedecken und auf der mittleren Schiene im Backofen etwa 20 Minuten backen. Am besten noch warm zu einer Kugel der selbst gemachten Eiscreme servieren.

Nachdem er als Marketingberater fast ein Burnout erlitt, lebt und teilt Sebastian heute seine Leidenschaft für Bienen solidarisch mit Interessierten und Gleichgesinnten. Die Bienenvölker stehen verteilt auf kooperierenden Solawi-Betrieben in der Umgebung, die Nachfrage ist groß.

Sebastian Klein

Mit Bienenliebe zu neuem Glück – im Bergischen Land hat der Richtungswechsel einen Marketingberater vor dem Burn-out bewahrt.

Bienen statt Burn-out. Bereits als kleiner Junge hat Sebastian Klein seinen Onkel, einen Landwirt alter Schule, beim Imkern begleitet. Die Begeisterung für die Bienen hatte sich allerdings während des Heranwachsens im Alltag verloren. Erst 2012 hat der gelernte Tischler, der sich inzwischen als Marketingberater wortwörtlich abarbeitete, seine Affinität zu den kleinen faszinierenden Geschöpfen sowie dem Honig wiederentdeckt. Damals war er, ausgebrannt durch zu viel Arbeit und Stress, in eine Sinnkrise geraten. Angestoßen durch einen Artikel über Bienen, hat der heute 44-Jährige zu seiner früheren Leidenschaft zurückgefunden, gerade noch rechtzeitig die Reißleine gezogen und 2013 die Imkerei Authentico gegründet. Seit 2016 bewohnt er mit einem Teil seiner Völker das Areal um ein Fachwerkhaus aus dem 17. Jahrhundert in der kleinen Ortschaft Fürken, rund eine Stunde von Köln entfernt.

„Ich glaube, dass wir als Menschen ganz viel von den Bienen lernen können."

Nachhaltig und solidarisch zu höchster Bioqualität. „Ich bin total fasziniert davon, was für großartige Dinge diese kleinen Wesen für uns, die Natur und unseren Planeten leisten", schwärmt Sebastian von seinem neuen Leben und den summenden Mitbewohnern. Sebastians Imkerei ist eine solidarische Imkerei – mehrere Menschen teilen sich die Kosten mit ihm, bekommen dafür einen Anteil des Honigs und auch einen persönlichen Bezug zu den Bienen. Solawi steht dabei für „Solidarische Landwirtschaft", also Höfe, die ebenfalls in Kosten- und Ertragsteilung arbeiten. Daneben gibt es „Mietbienen" der Firma Plan Bee, also Stöcke, die an Privatleute wie Unternehmen auch in der Stadt vermietet werden.

Alle Bienen werden artgerecht nach den strengen Richtlinien von Bioland gehalten. Sie garantieren höchste Qualität der Honigsorten und Imkereiprodukte. Doch die Bienen liefern nicht nur beste Produkte, sie sind auch unersetzlich für ein gesundes Ökosystem, indem sie für die Bestäubung vieler Pflanzen und somit für landwirtschaftliche Erträge und Artenvielfalt sorgen. Der Vater zweier Kinder, Ruben und Mathilda, möchte so mithelfen, den nächsten Generationen eine intakte Umwelt und lebenswerte Erde zu hinterlassen.

Der Hof als außerschulischer Lernort und Schauimkerei. Auf dem Gelände rund um den Hof hat Sebastian neben einer Schauimkerei einen Sinnesgarten mit begehbarer Spirale angelegt. Beides dient als außerschulischer Lernort, an dem Kinder vom Vorschulalter bis in die Oberstufe theoretisch und praktisch den Zusammenhang von Biodiversität und gesunden Lebensmitteln erfahren können. Hier gibt es viel zu erkunden: Ob man den Bienen nun bei der Arbeit zusieht oder im Sinnesgarten von heimischen Stauden über Heil- und Teekräuter bis hin zu Obstbäumen und -sträuchern Neues entdeckt.

In seinem Verein „Authentico. Initiativen für Menschen und Natur", der sich gerade noch in Gründung befindet, stehen neben der Forschung an alternativen Wirtschaftsmethoden und dem Gesundhalten von Bienenvölkern die Kinder-, Jugend- und Erwachsenenbildung mit Blick auf zukünftige Ernährungs- und Landwirtschaftsthemen im Vordergrund. Über all das hinaus versteht sich der Verein als Sprachrohr für eine Agrarwende hin zu einer regenerativen Landwirtschaft.

Sebastians Wunsch ist es, mit seinem Leben anderen zeigen zu können, dass ein nachhaltigerer Lebensstil nichts mit Verlust zu tun hat. Darüber hinaus möchte er einen Beitrag zu einer enkeltauglichen Zukunft leisten, in der er seinen persönlichen Fußabdruck hinterlassen hat.

Mit Thymian und Honig
ist Ziegenkäse ein ganz besonderer
Genuss.

Ziegenkäse

im Blätterteigmantel

Zutaten für 6 Personen

240 g Blätterteig aus der Kühltheke
2–4 Zweige Thymian
300 g Ziegenfrischkäserolle
120 g flüssiger Honig (z. B. Akazien- oder Waldhonig)
2 Eiweiße

1. Den Backofen auf 200 °C vorheizen. Den Blätterteig in 12 gleich große Quadrate oder auch in Dreiecke oder Kreise schneiden.

2. Den Thymian waschen, trocken tupfen und die Blättchen abzupfen. Den Ziegenfrischkäse in 6 Taler schneiden. Die Taler jeweils mittig auf 6 Blätterteigstücke setzen und je 2 EL Honig auf den Ziegenfrischkäse geben. Die Thymianblättchen darüberstreuen.

3. Die restlichen Blätterteigstücke darüberlegen und die Ränder mit einer Gabel festdrücken. Die Eiweiße verquirlen und die Blätterteigtäschchen damit bestreichen. Im Backofen auf der mittleren Schiene etwa 20 bis 25 Minuten backen. Leicht abkühlen lassen und nach Belieben mit etwas Blattsalat servieren.

Lammkeule

mit Honig-Knoblauch-Kruste, Kohlrabistiften und Salzkartoffeln

Zutaten für 6 Personen

Für die Lammkeule:
100 g Honig
7 EL Olivenöl
3–4 Knoblauchzehen
2,3 kg Lammkeule (mit Knochen)
Salz, Pfeffer aus der Mühle
125 ml trockener Weißwein
100 g Butter
½ Bund Thymian
20 g Mandelblättchen

Für die Kohlrabistifte:
1 kg Kohlrabi
125 g Honig
75 g Butter
3 EL Zitronensaft
Salz, Pfeffer aus der Mühle
1 ½ Bund Schnittlauch

Für die Salzkartoffeln:
6 mittelgroße Kartoffeln
Salz

1. Den Honig mit 4 EL Olivenöl leicht erwärmen. Den Knoblauch schälen und hineinpressen. Gut durchrühren und beiseitestellen. Den Backofen auf 160 °C vorheizen.

2. Die Lammkeule waschen, trocken tupfen, von Fett und Sehnen befreien. Die abgekühlte Honigmischung in das Fleisch einmassieren, die Keule salzen und pfeffern. Das restliche Öl in einer großen Pfanne erhitzen und die Lammkeule darin rundherum scharf anbraten.

3. Das Fleisch in einen Bräter legen und den Weißwein dazugeben. Im Backofen auf der zweiten Schiene von unten etwa 2 Stunden braten und ab und zu mit dem Bratensaft begießen.

4. Die Butter in Stücke schneiden und das Fleisch nach etwa 45 Minuten damit belegen. Den Thymian waschen, trocken schleudern und die Blättchen abzupfen. Die Mandelblättchen in einer Pfanne ohne Fett rösten. Beides beiseitestellen.

5. Den Kohlrabi putzen und schälen, zunächst in Scheiben, dann in schmale Stifte schneiden. Den Honig in der Pfanne erwärmen, bis er zähflüssig ist, dann die Butter dazugeben und rühren, bis sich das Karamell löst. Die Kohlrabistifte dazugeben, unterrühren und zugedeckt etwa 20 Minuten garen. Mit Zitronensaft, Salz und Pfeffer würzen. Den Schnittlauch waschen, trocken schütteln, in Röllchen schneiden und darüberstreuen.

6. In der Zwischenzeit die Kartoffeln schälen, vierteln oder halbieren, in Salzwasser gar kochen.

7. Den Braten aus dem Backofen holen und in etwa 1 cm dicke Scheiben schneiden. Das Fleisch mit etwas Bratensaft besteichen und die Thymian- und Mandelblättchen darauf verteilen. Mit Kohlrabi und Salzkartoffeln servieren.

Tipp:
Den Braten schon am Vortag mit der Honigmischung einreiben, dann vakuumieren und über Nacht im Kühlschrank ruhen lassen. So ziehen der Honig und der Knoblauch noch schöner in das Fleisch ein.

Vanille-Honig-Eiscreme

mit Thymian

Zutaten für 6 Personen

1 Vanilleschote
500 ml Vollmilch (3,5 %)
560 g Sahne
8 Eigelbe
2 EL extrafeiner Zucker
500 g Honig

Außerdem:
Thymianblättchen zum Bestreuen
Honig zum Beträufeln

1. Die Vanilleschote längs aufschlitzen und das Mark mit einem spitzen Messer herauskratzen. Die Milch mit der Sahne, der Vanilleschote und dem Vanillemark in einen Topf geben, gut verrühren und exakt bis zum Siedepunkt erhitzen. Sofort vom Herd nehmen und ein paar Minuten abkühlen lassen, damit die Vanille etwas durchziehen kann.

2. In einer großen Rührschüssel die Eigelbe mit dem Zucker hellgelb und cremig schlagen. Die Vanilleschote aus der Milch nehmen und einen Schöpflöffel Vanillemilch unter ständigem Schlagen unter die Eigelbmasse rühren. Nach und nach die restliche Milch unterrühren.

3. Die Eiermilch zurück in den Topf geben und ganz behutsam unter ständigem Rühren erhitzen, bis die Masse anfängt einzudicken und seidig glänzt. Am Ende sollte sie nach dem Eintauchen den Rücken eines Löffels überziehen. Die Masse darf nicht zu lang oder zu schnell erhitzt werden, sonst kann sie gerinnen. Die Masse etwa handwarm abkühlen lassen, zurück in die Rührschüssel geben und den Honig unterrühren. Ist die Masse zu heiß, zerfallen die guten Inhaltsstoffe des Honigs. Ist sie zu kalt, löst sich der Honig nicht gut auf.

4. Die Masse in eine Eisform oder in einen Gefrierbehälter füllen, ins Tiefkühlfach stellen und alle 20 bis 30 Minuten mit einem Löffel kräftig durchrühren. So lange wiederholen, bis das Eis durch und durch gefroren ist. Das regelmäßige Rühren bringt immer wieder Luft in die Masse. Das sorgt dafür, dass die Eiskristalle so klein wie möglich bleiben und das Eis einen sehr cremigen Schmelz erhält. Danach kann das Eis auch über einen längeren Zeitraum eingefroren werden. Das Vanille-Honig Eis mit Thymianblättchen bestreut servieren. Wer mag, lässt noch etwas Honig darüberlaufen.

Wenn die Kinder nicht zu den Hühnern kommen können, läuft es einfach umgekehrt: Ein Hühnermobil samt Tiere verweilt jeweils eine Woche an Kitas und Schulen und die Kinder kümmern sich täglich um „ihre“ Hühner. Zum Abschluss gibt es für alle kleinen Helfer das „Hühnerdiplom“.

Petra Balster-Spinne

Wo Hühner fröhlich gackern, wird Natur zum Kinderspiel – in Selm hat Familie Spinne den Bauernhof zum pädagogischen Lernort gemacht.

Mit Planänderung zur Bauernhofpädagogin. Auf dem Hof Spinne in Selm am Rande der Münsterländer Parklandschaft ist das Landleben mal laut und mal leise, es ist ein Ort der kleinen und großen Abenteuer. Hier wohnt und arbeitet Petra Balster-Spinne mit ihrem Mann Richard und ihren drei Söhnen Leonard, Henry und Fiete. Eigentlich ist es gar nicht Petras Plan gewesen, in und von der Landwirtschaft zu leben. Die Idee zur Bauernhofpädagogik ist erst während ihrer Elternzeit nach der Geburt des ersten Kindes entstanden – inzwischen ist die Arbeit als Betriebswirtin passé und die Weitergabe von Wissen ihr Hauptjob geworden. Damit, den Hof zu einem Lernort zu machen, hat die gelernte Betriebswirtin ein Herzens-projekt realisiert.

Durch erlebte Natur Zusammenhänge lernen. Heute bieten die 41-Jährige und ihr Team auf dem Hof eine Vielzahl an bauernhof- und naturpädagogischen Aktivitäten für Kinder, Familien und Erwachsene an. Natur- und Umweltbildung, nachhaltige landwirtschaftliche Prozesse, die Artenvielfalt der Pflanzenwelt, ökologisches Bewusstsein und globale Verantwortung sind Leitlinien, die die Spinnes täglich begleiten.

Die zertifizierte Bauernhof- und Naturpädagogin bringt Kindergarten- und Schulgruppen unter anderem in Jahreskursen, Erzählspaziergängen und Bauernhofnachmittagen die Landwirtschaft nahe, vermittelt ihnen, wo Lebensmittel herkommen, und weckt ihre Neugierde auf Themen rund um Natur und Umwelt. In Erzählspaziergängen durch die Natur gibt es vieles zu entdecken. „Die Natur hat uns so vieles zu erzählen, wir müssen ihr nur zuhören", erklärt die ausgebildete Geschichtenerzählerin. Und da die Natur nicht sprechen kann beziehungsweise viele ihre Sprache nicht verstehen, erzählt Petra Märchen, Geschichten und Sagen, die mit der Natur verbunden sind. Immer samstags gibt es darüber hinaus für die Großen die Möglichkeit, nicht nur die Erinnerung, sondern aus dem Hofladen feine Produkte rund ums Huhn und Hähnchen mit nach Hause zu nehmen.

„Die Natur hat uns so vieles zu erzählen, wir müssen ihr nur zuhören."

Das Spinne-Ei – natürlich, frei und glücklich. Auf dem Hof geht es aber auch um Landwirtschaft im eigentlichen Sinne – hier um rund 2.000 Legehennen, um die sich hauptsächlich Richard im Nebenerwerb kümmert. Die Hühner werden in mobilen Ställen, die mit wenig Aufwand den Standort wechseln können, gehalten – sie leben natürlich, frei und glücklich. Durch den regelmäßigen Platzwechsel wird eine Verschlammung in der Wiese oder Parasitenbildung verhindert. Die hochmodernen Gefährte vereinen viele Details, die den Alltag der Zweibeiner verbessern. Doch die Hühner sind auch Teil des pädagogischen Programms – und wenn die Kids es einmal nicht auf den Hof schaffen, geht Petra mit einem kleinen Hühnermobil auf Reisen und besucht mit den Hühnern und Handpuppe Agathe Kitas und Schulen.

Zusätzlich zu den Hühnern tummeln sich 200 Freilandhähnchen auf den frischen grünen Weiden rund um den Hof. Sie sind eine besonders langsam wachsende, robuste Rasse – in Verbindung mit tierwohlorientierten Haltungsbedingungen wird ihr Fleisch besonders zart und schmackhaft.

Auf dem Hof Spinne wird es ganz sicher auch zukünftig nicht an Gelegenheiten mangeln, kleine und große Interessierte in die Schönheit der Natur eintauchen zu lassen, wenn sie Petras spannenden Erzählungen lauschen und tolle Hoftage verbringen werden.

Eiersalat und Wilkäruterbutter können gut vorbereitet werden und schmecken etwas durchgezogen sogar noch aromatischer.

Eiersalat mit Wagyu-Bacon

auf Wildkräutersalat mit Wildkräuterbutterbrot

Zutaten für 6 Personen

Für den Eiersalat mit Kräutermayonnaise:
1 frisches Ei (M)
1 TL Senf
Salz, Pfeffer aus der Mühle
Zucker
1 EL Zitronensaft
250 ml Rapsöl
1 Handvoll Wildkräuter (z. B. Brennnessel, Löwenzahn, Giersch)
10 hart gekochte Eier (M)
1 Bund Radieschen
6–12 Scheiben Bacon (am besten vom Wagyu-Rind)

Für den Wildkräutersalat:
250 ml Balsamico bianco
2 TL Senf
200 g Beerenkonfitüre
4 EL Olivenöl
Salz, weißer Pfeffer
4 Handvoll Wildkräuter (z. B. Brennnessel, Giersch, Gundermann, Löwenzahn, Schafgarbe und Gänseblümchen)

Für die Wildkräuterbutter:
1 Becher Sahne
Salz
5 EL klein geschnittene Wildkräuter
6 Scheiben frisches Brot

1. Für die Mayonnaise das Ei mit dem Senf, ¼ TL Salz, etwas Pfeffer, 1 Prise Zucker und dem Zitronensaft in eine hohe Rührschüssel geben und vermischen. Das Öl zugeben und mit einem Stabmixer so lange aufmixen, bis die Masse nicht mehr dicker wird und sich nicht weiter vermischt. Den Stabmixer dann ganz langsam nach oben ziehen und auch das dort verbliebene, restliche Öl untermixen. Die Mayonnaise ist fertig, wenn kein Öl mehr zu sehen ist.

2. Die Wildkräuter verlesen, waschen und trocken schleudern. Die Brennnesseln mit einem Nudelholz überrollen, damit die Brennhaare zerstört werden. Die Kräuter klein schneiden und unter die Mayonnaise mischen, nochmal abschmecken.

3. Die Eier pellen und in Würfel schneiden. Die Radieschen putzen, waschen und in Stücke schneiden. Beides mit der Mayonnaise vermengen. Den Bacon in einer Pfanne ohne Fett anbraten und in Stücken auf dem Eiersalat verteilen.

4. Für das Salatdressing Essig, Senf und Konfitüre mit einem Stabmixer cremig rühren. Zum Schluss das Öl kräftig untermixen. Mit Salz und Pfeffer würzen. Die Wildkräuter verlesen, putzen, waschen, trocken schleudern und in Stücke zupfen. Das Dressing über den Salat geben.

5. Für die Butter die Sahne mit etwas Salz und den Wildkräutern in ein Marmeladenglas geben. Das Glas so lange schütteln, bis aus der Sahne ein fester Klumpen Butter entstanden ist. Die Butter aufs Brot streichen und zum Eiersalat und dem Wildkräutersalat servieren.

Tipp:
Den Eiersalat am besten 1 Tag früher zubereiten, dann kann alles schön durchziehen.

Pulled Chicken

aus dem Lehm auf Nudelnestern mit Gemüse

Zutaten für 6 Personen

Für das Pulled Chicken:
2 Knoblauchzehen
2 EL Dijonsenf
3 EL Olivenöl
6 EL gehackte frische Kräuter (z. B. Brennnessel, Thymian, Rosmarin, Schnittlauch, Knoblauchsrauke)
Salz, Pfeffer aus der Mühle
1 küchenfertiges Freilandhähnchen
einige große Pflanzenblätter (z. B. große Klette)
Naturschnur
ca. 2 kg Lehm

Für die Barbecuesauce:
1 Knoblauchzehe
180 ml Apfelsaft
200 g Tomatenketchup
40 ml Apfelessig
2 TL Sojasauce
1 TL Worcestersauce
4 EL Ahornsirup
1 EL geräuchertes Paprikapulver
1 TL Bourbon-Whiskey
Salz, Pfeffer aus der Mühle

Für die Nudelnester und das Gemüse:
3 Eier (M)
Salz, Pfeffer aus der Mühle
300 g gekochte Frischeinudeln
Kräuterbutter · 4 Möhren
1–2 Petersilienwurzeln
150 g Zuckerschoten
Öl · Honig
kleine Backförmchen oder Muffinförmchen

1. In einer Feuerschale ein Feuer mit einer Glutschicht von etwa 10 cm entfachen. Den Knoblauch schälen, zerdrücken und mit Senf, Öl, Kräutern, Salz und Pfeffer zu einer Paste verrühren. Das Hähnchen waschen und trocken tupfen. Von außen mit der Würzmischung einreiben. Die restliche Würzmischung in die Körperhöhle füllen. Das Hähnchen mit den Blättern umhüllen und mit einer Schnur festbinden.

2. Den Lehm gut durchkneten, mit etwas Wasser befeuchten, Steinchen und Holzstücke entfernen. Den Lehm flach auseinanderdrücken und das Huhn damit umhüllen, sodass es vollständig vom Lehm umschlossen ist. Löcher in der Hülle mit weichem Lehm und etwas Wasser versiegeln. Das Hähnchen im Lehm in die Glut legen und, je nach Größe, etwa 2 bis 3 Stunden darin garen. Wenn der Lehm angetrocknet ist, kann das Hähnchen gewendet oder mit Glut bedeckt werden.

3. Für die Barbecuesauce den Knoblauch schälen und fein würfeln. Mit Apfelsaft, Ketchup, Essig, Sojasauce, Worcestersauce und Ahornsirup in einem Topf aufkochen. 15 bis 20 Minuten oder bis zur gewünschten Konsistenz einkochen lassen. Im Standmixer kurz aufmixen und mit Paprikapulver, Whiskey, Salz und Pfeffer würzen. Das geräucherte Paprikapulver gibt der Sauce das schön rauchige Aroma.

4. Für die Nudelnester die Eier verquirlen, mit Salz und Pfeffer würzen. Die gekochten Nudeln in kleine Förmchen geben, mit der Eiermasse begießen und je 1 kleinen Klecks Kräuterbutter daraufsetzen. Die Förmchen bei 180 °C in den Backofen oder auf offenem Feuer in den Dutch Oven stellen und die Eier stocken lassen.

5. Die Möhren und die Petersilienwurzeln putzen, schälen und in kleine Stücke schneiden. Die Zuckerschoten waschen. In einer Pfanne mit etwas Öl oder auf der Feuerplatte bissfest garen und mit etwas Salz und Honig würzen.

6. Nach der Garzeit das Hähnchen aus der Glut nehmen und vorsichtig öffnen, da heißer Dampf entweichen kann. Für das Pulled Chicken das Fleisch vom Knochen trennen und in kleine Stücke reißen. Das Fleisch auf der Feuerplatte leicht anbraten und mit der Barbecuesauce vermischen. Das Gemüse mit den Nudelnester und dem Pulled Chicken auf Tellern anrichten.

Gefüllte Pfannkuchen

mit Eierlikörcreme und Nusseis

Zutaten für 6 Personen

Für die Eierlikörcreme:
500 g Sahne
1 Tasse Eierlikör
250 g Mascarpone
1 Päckchen Vanillezucker

Für die Pfannkuchen:
250 g Mehl
500 ml Milch
3 Eier (M)
Salz
Öl zum Ausbacken

Außerdem:
Nüsse zum Garnieren
6 Kugeln Nusseis

1. Für die Eierlikörcreme die Sahne mit dem Eierlikör, dem Mascarpone und dem Vanillezucker mit dem Handrührgerät cremig rühren.

2. Für die Pfannkuchen das Mehl mit der Milch, den Eiern und 1 Prise Salz zu einem glatten Teig verrühren. Das Öl in einer Pfanne erhitzen und aus dem Teig 12 kleine Pfannkuchen backen.

3. Die Eierlikörcreme jeweils zwischen 2 Pfannkuchen füllen. Die Pfannkuchen mit Nüssen bestreuen und mit je 1 Kugel Nusseis servieren.

Ein intensiver, guter Kontakt zu seinen Tieren ist Eyke wichtig und das stressfreie Miteinander hat Vorteile für beide Seiten. Die Angus- und Charolais-Rinder wachsen in natürlicher Umgebung in ihren Herden auf, den Großteil des Jahres auf den grünen Weiden rund um den Hof.

Eyke Pahmeyer

Zurück zum Ursprung von Ackerbau und Viehzucht – in Ostwestfalen-Lippe erleben Hühner, Rinder und Schweine wahres „Wiehenglück“.

Gemeinsam zu mehr Erfolg. Hof Wiehenglück liegt in Hüllhorst im Landkreis Minden-Lübbecke im Norden von Nordrhein-Westfalen – hier lebt Eyke Pahmeyer mit seinen Eltern, dem älteren Bruder Hendrik, dessen Frau Corinna und ihren drei Kindern. Die Brüder, die den jahrhundertealten Hof in vierter Generation führen, sind Hüter über etwa 100 Rinder, 1.500 Schweine, 350 Hühner, 90 Hektar Grün- sowie 360 Hektar Ackerland.

„Man kann zu einer Kuh oder einem Rind ein ganz besonderes Verhältnis aufbauen.“

Die anfallenden Arbeiten haben die Brüder aufgeteilt. „Ich finde es immer vorteilhaft, wenn man noch einen Partner dabeihat, um sich rückzuversichern ... dann führt das auch zu mehr Erfolg“, findet Eyke. Bruder Hendrik versorgt hauptsächlich Schweine und Hühner, Eyke ist für die Rinder zuständig. „Ich habe seit Kindesalter mit Rindern zu tun ... es hat mir total viel Spaß gemacht, denn man kann zu Rindern ein ganz besonderes Verhältnis aufbauen“, schwärmt der 35-Jährige. Irgendwann haben die Brüder gemerkt, dass sie auf konventionelle Art nicht mehr weitermachen wollen, Motor dafür waren konkret Eykes Neffen Hannes und Moritz und Nichte Paula, allgemein die negativen Auswüchse der Globalisierung samt Wettbewerbsdruck. Der Entschluss, den Betrieb auf biologische Landwirtschaft umzustellen, war ab da gedanklich nur ein kleiner Schritt.

Ethisch und ökologisch korrekt produzieren. Seit 2019 ist der Betrieb auch praktisch „bio“, dabei Bioland- und Naturland-zertifiziert. Die Schweine leben in offenen Ställen mit Stroh und viel Platz, können selbst entscheiden drinnen oder draußen zu toben. Die Hühner reisen in komfortablen Hühnermobilen über die Hofwiesen. Die Angus- und Charolais-Rinder wachsen natürlich in ihren Herden auf, den Großteil des Jahres auf den grünen Weiden in der Nähe des Mittellandkanals, den Winter über in großzügigen Offenställen.

Die Kälberaufzucht ist kuhgebunden, sie bleiben nach der Geburt bei ihren Müttern. „Gerade bei den Mutterkühen muss man eine Herdenakzeptanz erreichen ... und dann gibt es eine Leitkuh, die dann sagt ‚Okay, Eyke, du bist akzeptiert‘, dann kann ich überall dran“, erklärt der studierte Landwirt. Dem ökologischen Verständnis der Brüder entsprechend werden alle Tiere in der näheren Umgebung geschlachtet, dabei folgen sie dem Motto: „Von der Nase bis zum Schwanz“, das heißt, sie verwerten das ganze Tier vom Filet bis zu den Innereien.

Futter(n) ganz ohne Chemie. Zuvor haben die Tiere nicht nur gut und mit viel Platz gelebt, sondern auch bestes Futter bekommen, das aus eigenem Anbau stammt. Denn man möchte wissen, was man selbst isst und was im Futter der Tiere steckt. Auf den Feldern wachsen in möglichst vielfältiger Fruchtfolge verschiedenste Getreidesorten und Erdfrüchte. Kleeroggen beispielsweise verbessert als Zwischenfrucht die Bodenfruchtbarkeit, macht zusätzliche Düngung unnötig, dient als Viehfutter und findet Verwertung als Biomasse in der 2012 errichteten Biogasanlage, die einen großen Beitrag zur Kreislaufwirtschaft leistet. Hier wird aus Abfällen Strom und Wärme für den Hof sowie etwa 30 umliegende Häuser erzeugt. Der Abfall der Anlage wiederum dient als ganzjähriger Düngervorrat für die Felder.

Eyke und sein Bruder möchten die Berufskollegen animieren, es ihnen gleichzutun und auf ökologische Landwirtschaft umzusteigen. Da die Nachfrage nach Dioprodukten immer weiter steigt, können sie als positive Vorbilder weiter frohen Mutes in die Zukunft gehen.

Junge Brennnesselblätter sind ein tolles Würzkraut und der nussige Geschmack der Samen passt gut zu Eierspeisen.

Schwarzbrotvariationen

mit Eieraufstrich, Brennnesselbutter, Schinken und Salami

Zutaten für 6 Personen

Für den Eieraufstrich:
5 Eigelb
1 EL mittelscharfer Senf
Salz
Zucker
Limettensaft
300 ml Rapsöl
6–8 hart gekochte Eier (M)

Für die Brennnesselbutter:
20 junge Blätter und Samen von Brennnesseln
Saft und abgeriebene Schale von 1 Biolimette
250 g weiche Butter
Salz, Pfeffer aus der Mühle

Außerdem:
6 Scheiben Schwarz- oder Vollkornbrot
Rindersalami
Schinken

1. Die Eigelbe mit dem Senf, etwas Salz und Zucker sowie einem Spritzer Limettensaft in einen hohen Rührbecher geben und mit dem Stabmixer leicht vermengen. Das Rapsöl langsam dazulaufen lassen und die Masse cremig mixen. Die Eier pellen und klein schneiden. In einer Schüssel mit der Mayonnaise vermengen.

2. Für die Butter die Brennnesseln waschen und trocken tupfen. Die stacheligen Härchen der Blätter mit einer Messerklinge plattdrücken. Die Brennnesselblätter und die Samen klein schneiden. Zusammen mit dem Limettensaft, der Limettenschale und der Butter in einen Rührbecher füllen. Mit dem Stabmixer zu einem glatten Aufstrich mixen, mit Salz und Pfeffer würzen.

3. Einen Teil der Brote mit der Butter bestreichen und mit Rindersalami und Schinken belegen. Den anderen Teil mit der Brennnesselbutter und dem Eieraufstrich bestreichen.

Lackiertes Roastbeef

mit Speckbohnen, Drillingen und Wildkräutersalat

Zutaten für 6 Personen

Für das lackierte Roastbeef:
1500–1800 g Roastbeef
2 Knoblauchzehen
1 rote Zwiebel
2 EL Senf · 2 EL Honig
2 EL Olivenöl
1 TL Paprikapulver
1 TL Chilipulver
1 EL Tomatenmark
1 EL Worcestersauce
Salz, Pfeffer aus der Mühle
Butterschmalz

Für den Salat:
4 Handvoll Wildkräuter
2 EL Himbeeressig
4 EL Olivenöl
1 Handvoll Himbeeren
2 EL Honig
1 EL Senf
Salz, Pfeffer aus der Mühle

Für die Gemüsebeilage
1,5–2 kg kleine Kartoffeln · Salz
700 g grüne Bohnen
15 Scheiben durchwachsener Speck
Pfeffer aus der Mühle
3 Zweige Rosmarin
Butterschmalz

Für die Sauce béarnaise:
1 Schalotte · 10 Pfefferkörner
3 EL Estragonessig
3 Stiele Estragon
3 Stiele Kerbel
200 g Butter · 3 Eigelb
Zitronensaft
Salz, Pfeffer aus der Mühle

1. Das Roastbeef aus dem Kühlschrank nehmen, damit es Zimmertemperatur annimmt. Für den Lack den Knoblauch und die Zwiebel schälen und in kleine Würfel schneiden. Mit Senf, Honig, Öl, Paprikapulver, Chilipulver, Tomatenmark, Worcestersauce, Salz und Pfeffer in einer Schüssel vermischen. Das Roastbeef mit dem Lack komplett einreiben. Falls möglich, das Fleisch vakuumieren und 48 Stunden ziehen lassen.

2. Den Backofen auf 80 °C vorheizen. Das Roastbeef in einer Pfanne in Butterschmalz von allen Seiten scharf anbraten, sodass schöne Röstaromen entstehen. Dann das Roastbeef für etwa 75 bis 80 Minuten in den Backofen schieben, bis es eine Kerntemperatur von 55 °C erreicht hat.

3. Für den Salat die Wildkräuter verlesen, waschen, trocken schleudern und in Stücke zupfen. Für die Vinaigrette Essig, Öl, Himbeeren, Honig und Senf mit dem Stabmixer fein pürieren und mit Salz und Pfeffer würzen.

4. Für die Gemüsebeilage die Kartoffeln putzen und in Salzwasser 20 Minuten garen. Die Bohnen ebenfalls putzen und in Salzwasser 15 Minuten garen. Beides leicht abkühlen lassen. Die Bohnen mit dem Speck ummanteln und in einer Pfanne von beiden Seiten kurz braten, leicht pfeffern. Den Rosmarin waschen, trocken tupfen, die Nadeln abzupfen. Die Kartoffeln mit dem Rosmarin in etwas Butterschmalz ausbraten.

5. Für die Sauce béarnaise die Schalotte schälen und fein würfeln. Die Pfefferkörner zerdrücken, mit der Schalotte, etwas Wasser und dem Essig aufkochen und zur Hälfte einkochen. Abkühlen lassen und durch ein Sieb gießen.

6. Estragon und Kerbel waschen, trocken schütteln und fein hacken Die Butter schmelzen. Die Eigelbe mit dem Essig in einer Schüssel über dem warmen Wasserbad aufschlagen und die Butter langsam dazugeben. Mit Salz, Pfeffer und Zitronensaft würzen. Die Kräuter unter die Sauce rühren.

7. Das Fleisch aus dem Backofen holen und etwa 2 Minuten ruhen lassen, damit sich die Fleischsäfte optimal verteilen. Das Fleisch in Scheiben schneiden und mit der Sauce, den Kartoffeln, den Bohnen und dem Salat anrichten.

Süßes Pesto macht dieses Dessert zu
einem Genuss mit Überraschungseffekt.

Duett aus Mousse

mit süßem Kräuterpesto

Zutaten für 6 Personen

Für die weiße Mousse:
200 g weiße Kuvertüre
1 Vanilleschote
200 g Sahne
5 Eier (M)
Salz
Saft und abgeriebene Schale von 1 Biolimette

Für die dunkle Mousse:
200 g Zartbitterschokolade mit Chili
5 Eier (M)
Salz

Für das süße Pesto:
1 Handvoll Walnüsse
1 Bund Petersilie
5 EL Honig
Salz
6 EL Rapsöl

1. Für die weiße Mousse die Kuvertüre in einer Schüssel über dem warmen Wasserbad schmelzen. Die Vanilleschote längs halbieren und das Mark mit einem Spitzen Messer herauskratzen. Die Sahne mit dem Vanillemark steif schlagen. Die Eier trennen. Die Eiweiße mit 1 Prise Salz steif schlagen. Die Eigelbe dickschaumig schlagen. Die Kuvertüre unter die Eigelbmasse rühren. Die Sahne und den Eischnee langsam unterheben. Zuletzt den Limettensaft und die Limettenschale unter die Masse heben. Über Nacht kalt stellen.

2. Für die dunkle Mousse die Chilischokolade in einer Schüssel über dem warmen Wasserbad schmelzen. Die Eier trennen. Die Eiweiße mit 1 Prise Salz steif schlagen. Die Eigelbe schaumig schlagen. Die geschmolzene Schokolade unter die Eigelbmasse rühren. Den Eischnee unterheben. Über Nacht kalt stellen.

3. Für das süße Pesto die Walnüsse in einer Pfanne leicht anrösten. Die Petersilie waschen, trocken tupfen und grob zerschneiden. Die Nüsse, die Petersilie und den Honig mit 1 Prise Salz mit dem Stabmixer pürieren. Das Rapsöl dazugeben und nochmal mixen, bis eine homogene Masse entsteht.

4. Einen Klecks des süßen Pesto als Spiegel auf die Teller geben und je eine Nocke der weißen und dunklen Mousse daraufsetzen. Das restliche Pesto dazu servieren.

Tipp:
Wer mag, garniert die Mousse noch mit einem Schokogitter. Dafür 100 g Schokolade in einer Schüssel über dem warmen Wasserbad schmelzen. Auf Backpapier aus der flüssigen Schokolade löffelweise ein Gitter aufträufeln. Etwa 2 Stunden tiefkühlen, danach vom Backpapier lösen und in kleine Stücke brechen.

Die Klient*innen, wie die Hofbewohner*innen genannt werden, entwickeln durch die Mithilfe auf dem Hof einen engen Bezug zu den ihnen anvertrauten Tieren. Sie übernehmen Verantwortung und lernen so einen respektvollen und sorgsamen Umgang mit der Natur.

Nicole Nassiry

Zu Eigenverantwortung und Lebensqualität – in der Eifel begleitet Familie Sanden Menschen mit Handicap in die Selbstbestimmtheit.

Leben und arbeiten für ein soziales Miteinander. Nicole Nassiry bestreitet nicht nur mit ihrem Mann Kava, den beiden Kindern Eva und Elias, Bruder Helmut sowie den Eltern Otti und Helmut den Alltag auf dem weitläufigen Hof in Mechernich-Vussum, sie und ihre gesamte Familie leben für diesen Hof und das, was der dort ansässige Wohnverbund Sanden hier seit inzwischen über 40 Jahren erfolgreich leistet. Das integrative Konzept, das heute selbstverständlich erscheint, war in den 1970er-Jahren nach der Gründung durch Opa Heinz eine wahre Pioniertat.

In der Eifel ist Nicole geboren, diese Region empfindet sie als ihre Heimat und „als schönsten Platz zum Leben“. Daher war es keine Frage, dass sie nach ihrem Studium in Köln dorthin zurückkehrt, wo sie aufgewachsen ist, und in den Familienbetrieb einsteigt. Die gelernte Heilpraktikerin und Pädagogin im Studium ist stolz darauf, das Erbe des Großvaters mit ihrer Familie weiterzuführen.

Inklusion und Landwirtschaft. Der Wohnverbund Sanden ist kein reiner Bauernhof, sondern eine Mischung aus betreutem Wohnen für bis zu 56 Menschen mit seelischer Erkrankung und Landwirtschaft. Jeder Mensch wird hier nach seinen persönlichen Fähigkeiten und Interessen empfangen und gefördert. Ein geregelter Tagesablauf, strukturiert durch gemeinsame Aktivitäten und das Mitarbeiten auf dem Bauernhof, soll die Bewohner*innen auf ein selbstständiges Leben vorbereiten. Sie helfen bei der Versorgung einer Vielzahl von artgerecht und in Offenställen sowie auf der Weide gehaltenen Tieren – rund 180 Mastschweine und 15 Zuchtsauen, rund 40 Black-Angus-Rinder zu Mast und Zucht, fünf Ziegen und saisonal etwa 30 Gänse, hinzu kommen Tauben und Esel – oder arbeiten im Bereich der Landschafts- und Gartenpflege. „Die Betreuung und Pflege der Tiere schaffen einen besonderen therapeutischen Effekt“, erklärt die 43-Jährige. „Diese Herausforderung ist für viele eine komplett neue Erfahrung, die ihnen bislang unbekannte Erfolgserlebnisse vermittelt. Das macht mit den Klient*innen ganz viel, auch was den eigenen Selbstwert betrifft, dass man gebraucht wird.“ Alle Maßnahmen auf dem Hof werden durch erfahrenes, ausgebildetes Personal angeleitet und begleitet. Die Tiere bleiben von der Zucht über die Mast bis hin zur Verwertung auf dem Hof.

> „Die Betreuung und Pflege der Tiere schafft einen besonderen therapeutischen Effekt.“

Leckeres aus dem Hofladen. Nicoles Hauptaufgabe auf dem Hof ist die Leitung des Hofladens, regelmäßig unterstützt durch Hofbewohner*innen. Das angebotene Produktsortiment reicht von Fleisch- und Wurstwaren über Brot bis hin zu Konfitüren. Dabei ist es ein persönliches Anliegen von Nicole und ihrer Familie, den Produktions- und Veredelungsweg der Produkte möglichst nah am Hofladen zu belassen. Darum werden Fleisch- und Wurstwaren in der hofeigenen Metzgerei hergestellt, Geräuchertes kommt aus dem eigenen Rauch. Je nach jahreszeitlicher Fruchtfolge wird Obst nach alten Hausrezepten zu Konfitüren und Gelees verarbeitet. Brot und Gebäck kommen duftig frisch aus dem eigenen Backhaus auf dem Hof.

Alle Gäste sind herzlich eingeladen, nicht nur den Hofladen, sondern auch den Schweinestall und das übrige Hofgelände zu erkunden. Nicoles Traum ist es, auf dem Hof einen noch schöneren Treffpunkt für Gäste zu schaffen, dazu möchte sie gern den Hofladen vergrößern und ein Café eröffnen.

Bœuf bourguignon

mit Bratkartoffeln Eifeler Art

Zutaten für 6 Personen

1,5 kg Rinderbraten
Öl zum Braten
Salz, Pfeffer aus der Mühle
350 g Schalotten
1 EL Tomatenmark
1 Flasche Rotwein (Burgunder oder Bordeaux)
3 Stiele Petersilie
2 Stiele Thymian
3 Lorbeerblätter
2 Knoblauchzehen
500 g Möhren
1–2 Zwiebeln
1 kg Kartoffeln
250 g magerer Speck
450 g Champignons
Zucker

1. Das Fleisch in etwa 80 g große Stücke schneiden. Das Öl in einem Bräter erhitzen und das Fleisch darin portionsweise scharf anbraten, bis es schön braun ist. Mit Salz und Pfeffer würzen und dann herausnehmen.

2. Die Schalotten schälen, in grobe Würfel schneiden und im Bräter kurz anbraten, das Tomatenmark unterrühren und anschwitzen. Das Fleisch wieder dazugeben und das Ganze mit etwas Rotwein ablöschen. Die Kräuter waschen, trocken schütteln. Die Petersilie fein hacken, die Thymianblättchen abzupfen und mit den Lorbeerblättern in den Bräter geben. Den Knoblauch schälen und dazupressen. Alles aufkochen lassen. Den restlichen Wein unterrühren und bei schwacher Hitze etwa 1½ Stunden köcheln lassen. Falls nötig, Wasser nachgießen und gelegentlich umrühren.

3. Die Möhren putzen, schälen, grob würfeln und zum Fleisch geben. Weitere 2 bis 2½ Stunden schmoren lassen.

4. Für die Bratkartoffeln die Zwiebeln schälen und fein würfeln. Die Kartoffeln schälen, in Pommes-Größe schneiden. 2 bis 3 EL Öl in einer Pfanne erhitzen. Die Kartoffeln darin bei mittlerer Hitze mit geschlossenem Deckel braten. Wenn die Kartoffeln fast gar sind, die Zwiebeln dazugeben und zugedeckt nochmal 3 bis 5 Minuten mitdünsten. Zuletzt etwa 10 Minuten ohne Deckel braten, bis die Kartoffeln knusprig sind. Mit Salz und Pfeffer würzen.

5. Den Speck in kleine Streifen schneiden. Die Champignons putzen, große Pilze halbieren oder vierteln. Den Speck kross anbraten und mit den Champignons etwa 20 Minuten vor Ende der Schmorzeit zum Fleisch geben. Die Sauce mit Salz, Pfeffer und etwas Zucker würzen. Das Bœuf bourguignon mit den Bratkartoffeln servieren.

Wurst-Duo

vom Grill

Zutaten für 6 Personen

10–15 Dörrpflaumen · 6 feine Grillwürste
Senf · 12 Scheiben Bacon · 6 Bratwürste
Steinofenbrot · Tomatenketchup

1. Die Pflaumen fein würfeln. In die Grillwürste von der Mitte her eine Tasche einschneiden und die Pflaumen hineinfüllen. Die Grillwürste mit Senf bestreichen, mit dem Bacon umwickeln und auf dem Grill bei nicht zu starker Hitze von beiden Seiten durchbraten.

2. Die Bratwurst ebenfalls auf dem Grill durchbraten. Das Steinofenbrot kurz vor Ende der Bratzeit von beiden Seiten kurz anrösten.

3. Die Bratwurst klein schneiden, mit Senf und Tomatenketchup sowie mit den gefüllten Grillwürsten und dem gerösteten Steinofenbrot auf Tellern anrichten.

Eierlikörparfait

mit Fruchtspiegel

Zutaten für 6 Personen

Für das Parfait:
300 g Sahne · 1 Vanilleschote · 4 Eigelb
100 g Zucker · 75 ml Eierlikör

Für den Fruchtspiegel:
200 g Beeren nach Wahl · Zucker

Außerdem:
frische Beeren zum Garnieren

1. Die Sahne steif schlagen und kalt stellen. Die Vanilleschote längs aufschneiden und das Mark mit einem spitzen Messer herauskratzen.

2. Die Eigelbe mit dem Zucker und dem Vanillemark in einer Schüssel über dem heißen Wasserbad schaumig schlagen. Den Eierlikör unterrühren.

3. Die Schüssel in ein kaltes Wasserbad stellen. Die Sahne langsam in drei Etappen unterheben und die Masse glatt rühren. Die Parfaitmasse in eine Form füllen und über Nacht im Gefrierfach tiefkühlen.

4. Für den Fruchtspiegel die Beeren mit etwas Zucker pürieren. Auf Tellern verteilen und das Parfait darauf anrichten. Mit frischen Beeren garniert servieren.

In der historische Brennerei veredeln Benedikt und Julius extern gebrannten Rohalkohol zu Schnaps, Likören und Bittern. Außerdem gedeihen Spargel, Erdbeeren und Himbeeren in vielen verschiedenen Sorten auf rund 50 Hektar Land rund um den traditionsreichen Gutshof.

Benedikt Böcker

Mit drei Standbeinen zu einem Ziel – im Münsterland führen zwei Brüder den elterlichen Gutshof in eine erfolgreiche Zukunft.

Zwei Brüder auf drei Standbeinen. Der Forstmannshof aus dem 19. Jahrhundert in Lüdinghausen im Kreis Coesfeld ist seit über 150 Jahren in Familienbesitz – heute führt und bewirtschaftet ihn Benedikt Böcker, dabei wird er von seiner Mutter und Bruder Julius unterstützt. Ursprünglich beherbergte der Hof neben der alten Brennerei einen konventionellen Bullenmastbetrieb. In den 1990er-Jahren ist unter Vater Eberhard die Entscheidung gefallen, auf Spargelanbau umzustellen – ein durchaus mutiger Entschluss, denn Spargel wirft erst nach drei Jahren Erträge ab. Die Entscheidung war aber auch weitsichtig, denn das Geschäft lief rasch gut an, was dazu geführt hat, zusätzlich mit dem Anbau von Himbeeren und Erdbeeren zu starten. Gesagt, getan.

„Die Arbeit im Freien war für mich schon immer toll, dementsprechend ist das Landwirtdasein eine ganz schicke Geschichte."

Heute runden zwei weitere Standbeine, eine Brennerei mit langer Tradition und der Hofladen, das Angebot ab. Benedikt ist für die landwirtschaftliche Produktion verantwortlich und fertigt mit Bruder Julius in der Destille allerlei Geistreiches. Mutter Agnes, die selbst schon bei "Land & lecker" mitgemacht hat, sorgt im Hofladen für den Verkauf der Produkte vom Hof und aus der Region.

Gemeinsam mit seinem Bruder Julius, der nicht mehr auf dem Hof wohnt, will der 30-Jährige den Familienhof in eine erfolgreiche Zukunft führen. Denn eines liegt bei den Böckers offenbar in den Genen: ein hohes Qualitätsbewusstsein und ein Herz für Herstellung und Veredelung hochwertiger landwirtschaftlicher Erzeugnisse.

Frisch vom Feld zum Kunden. Spargel, Erdbeeren und Himbeeren in vielen verschiedenen Sorten gedeihen auf den Flächen rund um den Hof. Ein Teil der Beeren wächst im Freilandbau, der deutlich aufwendiger zu bewirtschaften ist als die Zucht im Gewächshaus, dafür schmeckt das Obst nach der Ernte aromatischer und intensiver. Besonders sensible Beerensträucher werden in speziellen Gewächshäusern gezogen – hier können die Beeren wettergeschützt und ohne Chemie heranreifen. Die Ernte selbst ist auch heute noch reine Handarbeit, und da die Spanne der Pflückzeit recht kurz ist, muss in dieser Phase alles ruckzuck gehen. Auch die anschließende Auslieferung muss rasch geschehen, damit die Ware möglichst frisch über regionale Supermärkte oder den eigenen Hofladen zum Kunden gelangen kann. Aber nicht alle Beeren wandern direkt in den Verkauf, ein Teil wird in die angeschlossene hauseigene Brennerei weitergegeben.

Brennerei mit langer Tradition. Das Brennen hat auf dem Forstmannshof eine lange Tradition, die Destille existiert bereits seit 1848. Damals, als die Brennerei das wichtigste Standbein des Hofes war, wurden die umliegenden Zechen mit dem Schnaps beliefert. Mit der Schließung der Zechen schrumpfte auch die Bedeutung der Brennerei mehr und mehr, sodass die Anlage letztendlich stillgelegt wurde, seitdem ruht das Brennrecht. Zu neuem Leben erweckt hat Vater Eberhard die Brennerei dennoch und heute veredeln Benedikt und Julius hier extern gebrannten Rohalkohol zu Schnaps, Likören und Bittern.

Benedikt und Julius setzen auf neue Ideen und wollen die lange Tradition der Spirituosenmanufaktur auf dem Forstmannshof wieder aufleben lassen und weiter ausbauen. Bei so viel Leidenschaft für den Familienbetrieb darf man sich hoffentlich auf viele neue Rezepturen freuen.

Brottürmchen

mit Camembertcreme

Zutaten für 6 Personen

Für die Brottürmchen:
Schwarzbrot
Butter
verschiedene Sorten Scheibenkäse nach Wahl
Schinken

Für die Camembertcreme:
200 g Camembert (leicht würzig)
50–100 g Sahne
30 g gehackte Walnusskerne
frisch geriebene Muskatnuss
Paprikapulver

Außerdem:
Weintrauben
Himbeeren
Gürkchen
Walnusskerne

1. Das Schwarzbrot in dünne Scheiben schneiden und mit Butter bestreichen. Die Brotscheiben abwechselnd mit Käse und/oder Schinken aufeinanderstapeln, sodass kleine Türmchen entstehen. Dann in mundgerechte Happen schneiden.

2. Für die Käsecreme den Camembert mit einer Gabel zerdrücken, mit der Sahne verrühren, bis die gewünschte Konsistenz erreicht ist. Die gehackten Walnüsse hinzufügen und unterrühren. Die Camembertcreme mit Muskatnuss sowie Paprikapulver abschmecken.

3. Die Brottürmchen mit der Camembertcreme auf Tellern anrichten und nach Belieben mit Weintrauben, Himbeeren, Gürkchen und Walnüssen garnieren.

Tipp:
Die Walnüsse für die Käsecreme können auch karamellisiert werden. Dazu in einer kleinen Pfanne bei mittlerer Hitze 1 gestrichenen EL Zucker in 1 EL Wasser auflösen. Sobald der Zucker leicht braun wird, die Nüsse hinzugeben und so lange rühren, bis die Nüsse vom Zucker umhüllt sind.

Gebratener Rehrücken

mit Kartoffel-Kräuter-Püree und karamellisierten Möhren

Zutaten für 6 Personen

Für den Rehrücken:
ca. 1 kg ausgelöster Rehrücken
Salz, Pfeffer aus der Mühle
½ TL fein gehackter Liebstöckel
2 TL abgezupfte Thymianblättchen
½ TL gehackter Rosmarin
¼ TL gehackter Oregano
3 EL Olivenöl

Für das Kartoffelpüree:
1400 g Kartoffeln
½ Pastinake
½ Kohlrabi
200 ml Gemüsebrühe
250 g Butter
Salz, Pfeffer aus der Mühle
1 Handvoll Petersilie
10 Blätter Basilikum
1 EL Thymianblättchen
1 EL gehackte Rosmarinnadeln
4 EL Olivenöl

Für die Rotweinsauce:
2 Schalotten
0,7 l Rotwein
1 TL abgezupfte Thymianblättchen
125 g Butter
2 EL Honig
Salz, Pfeffer aus der Mühle

Für die karamellisierten Möhren:
30 Babymöhrchen
2 EL Butter
3 EL Honig
Salz
Zitronensaft

1. Den Rehrücken mit Salz und Pfeffer würzen. Die Kräuter mit dem Olivenöl verrühren. Das Fleisch damit bestreichen und vor dem Braten etwa 1 bis 2 Stunden marinieren.

2. Die Kartoffeln, die Pastinake und den Kohlrabi schälen und in kleine Stücke schneiden. In der Gemüsebrühe etwa 20 Minuten weich kochen. Die Flüssigkeit abgießen. Das Gemüse stampfen, dabei stückchenweise die Butter untermischen, dann mit dem Schneebesen verrühren. Mit Salz und Pfeffer würzen. Die Hälfte des Pürees in einen zweiten Topf geben. Die Kräuter mit dem Öl mit dem Stabmixer pürieren und unter eine Hälfte des Kartoffelpürees rühren.

3. Den Backofen auf 80 °C vorheizen. Den Rehrücken in 6 gleich große Stücke schneiden und in einer Pfanne in Öl von beiden Seiten etwa 1 bis 2 Minuten scharf anbraten. Aus der Pfanne nehmen und etwa 8 Minuten in den Backofen stellen. Herausnehmen und in Folie gewickelt etwa 4 Minuten ruhen lassen.

4. Für die Sauce die Schalotten schälen und in feine Würfel schneiden. In der Pfanne vom Anbraten des Rehrückens anschwitzen, bis sie glasig sind. Mit etwas Rotwein ablöschen, einkochen lassen, wieder Rotwein auffüllen und wieder einkochen lassen. Den Thymian unterrühren und weiter reduzieren, bis die Masse zähflüssig wird. Die kalte Butter unter ständigem Rühren stückchenweise unterrühren. Mit Honig, Salz und Pfeffer würzen.

5. Die Möhren putzen, falls nötig schälen, und mit etwas Wasser mit geschlossenem Deckel bissfest dünsten. Das Wasser abgießen, die Butter unterrühren und die Möhren darin schwenken. Den Honig unterrühren und die Möhren karamellisieren. Mit Salz und etwas Zitronensaft würzen. Den Rehrücken mit der Sauce, den beiden Kartoffelpürees und den Möhren anrichten und servieren.

Crème brûlée

auf Himbeerspiegel

Zutaten für 6 Personen

Für den Himbeerspiegel:
370 g Himbeeren
75–100 g Zucker
Saft von ½ Zitrone

Für die Crème brûlée:
2 Vanilleschoten
100 g Zucker
375 g Sahne
9 Eigelb
unraffinierter Zucker zum Karamellisieren

1. Am Vortag für den Himbeerspiegel die Himbeeren putzen, in einem kleinen Topf mit Wasser bedecken und einkochen lassen. Den Zucker und den Zitronensaft unterrühren. Die Masse so lange einkochen, bis sie dickflüssig wird. Sechs Dessertringe auf eine Platte setzen, die Himbeermasse hineingießen und über Nacht einfrieren.

2. Die Crème brûlée ebenfalls am Vortag zubereiten. Dafür die Vanilleschoten längs aufschneiden und das Mark mit einem spitzen Messer herauskratzen. Die Hälfte des Vanillemarks mit dem Zucker mit dem Stabmixer zu feinem Vanille-Puderzucker mahlen. 1 Vanilleschote dritteln und bis zur Verwendung in den Puderzucker einlegen.

3. Das übrige Vanillemark mit der Sahne in einen Topf geben. Die andere Vanilleschote dritteln und dazugeben. Die Sahne etwa 2 Minuten erhitzen, nur kurz aufkochen. Etwa 15 Minuten abkühlen lassen und die Vanilleschote entfernen.

4. Die Vanilleschote aus dem Puderzucker nehmen. Die Eigelb in einer großen Schüssel mit dem Puderzucker verquirlen. Die abgekühlte Vanillesahne langsam und unter ständigem Rühren mit dem Schneebesen dazugeben. Achtung: Ist die Sahne noch zu warm, kann das Ei stocken.

5. Den Backofen auf 150 °C vorheizen. Backfeste Förmchen, mindestens in Größe der Dessertringe, in eine große, flache Backform stellen. Die gefrorenen Himbeerspiegel in die Förmchen legen. Die Eimasse vorsichtig vom Rand aus über den Spiegel gießen. Wird die Masse direkt auf den Spiegel gegossen, kann er schmelzen. Sobald alle Förmchen gefüllt sind, heißes Wasser in die Backform geben, etwa bis zur Höhe der Masse in den Förmchen. Im Backofen etwa 30 bis 40 Minuten backen, sodass die Creme noch ganz leicht wackelt. Mindestens 1 Stunde abkühlen lassen, dann über Nacht in den Kühlschrank stellen.

6. Die Crème brûlée kurz vor dem Servieren aus dem Kühlschrank nehmen, mit einer dünnen Schicht Zucker bestreuen und mit einem Flambierbrenner goldbraun karamellisieren.

Vom Sieger- bis ins Sauerland

Auf geht's zu einer weiteren spannenden Tour durch Nordrhein-Westfalen! Insgesamt sechs Landfrauen und -männer besuchen sich auf ihren Höfen und bestaunen gegenseitig, wie man mit kreativen Ideen aus Alt Neu machen kann. In Staffel 21 von „Land & lecker" weht viel frischer Wind durch Traditionen und Höfe – dabei haben alle Teilnehmer*innen ihre Ziele fest vor Augen und setzen sie mit vielen guten, innovativen Ideen um.

Los geht es auf einem Start-up-Hof im Siegerland, weiter zu Ziegen und Eseln in der Rhein-Voreifel und zu asiatischen Wasserbüffeln am Niederrhein bis zu einer Solawi ins Sauerland, während ein Traditionshof im Ruhrgebiet und ein Naturbiotop am Niederrhein den krönenden Abschluss bilden.

Mit den Convenience-Produkten ohne künstliche Aromen, Konservierungs- oder Farbstoffe, die auf Hofgut Stöcken ins Glas gebracht werden, möchte Mark die Freude vom Hof in den Haushalt bringen. „Das ist gut für die Tiere, für die Mitarbeiter und die Menschen, die es am Ende essen möchten."

Mark Junglas

Future Farming im Siegerland – in Südwestfalen hat ein Start-up-Bauernhof eine hochmoderne Rinderzucht und ehrgeizige Pläne.

Ein Hof für die Zukunft. Mitten im Siegerland, nahe der dank Social Media seit geraumer Zeit weltbekannten Kleinstadt Freudenberg und ihrem eindrucksvollen Panorama der an den Hang gebauten Altstadt aus dem 17. Jahrhundert, liegt inmitten einer hügeligen Wald-und-Wiesen-Landschaft der kleine Stadtteil Plittershagen. Und am Rande dieses Örtchens liegt das Hofgut Stöcken – hier ist Mark Junglas seit 2018 angestellter Betriebsleiter. Der 35-Jährige ist gelernter Metzger, Lebensmitteltechniker sowie Berufsjäger und stammt aus einer Fleischerfamilie. Der Hof hat ihn zu einer Zeit aufgenommen, als seine eigene kleine Metzgerei auf dem Gelände einer Markthalle in Köln aus baulichen Gründen hatte schließen müssen.

„Unser Ziel ist es, dass unsere Kunden Fleisch mit gutem Gewissen essen können."

Das Hofareal selbst blickt auf eine lange Geschichte zurück, es stammt ebenfalls aus dem 17. Jahrhundert. 2015 wurde das Gelände von seinem jetzigen Eigentümer, Martin Buhl und seiner Familie, gekauft und verwandelte sich durch die Hand des Unternehmers, umfassende Sanierungen sowie hohen Kapitaleinsatz in kurzer Zeit zu einem modernen, nachhaltigen und naturbewussten Biozuchtbetrieb mit hochtechnisierten Ställen.

Auch das Gewissen isst mit. Mark hat zwar die Metzgerei, nicht aber die Landwirtschaft gelernt, fühlt sich auf Hofgut Stöcken aber pudelwohl und ist angekommen. „Wenn ich mir einen Bauernhof hätte ausdenken können, hätte ich ihn genau so gestaltet", berichtet er begeistert und man merkt in jedem Satz, wie sehr sich der junge Mann mit dem Hof identifiziert. „Wir wollen Future Farming betreiben und unser Ziel ist es, dass unsere Kunden Fleisch mit gutem Gewissen essen können."

Auf dem Hof und den Weiden tummeln sich inzwischen glückliche Rinder der Rasse Aubrac – robuste Hochlandrinder, die im Zentralmassiv Frankreichs ganzjährig draußen leben und unabhängig von menschlicher Hilfe ihre Kälber bekommen können. Rund 75 Mutterkühe jeweils mit ihrem Kalb und der Zucht vom Vorjahr leben aktuell auf dem größtenteils automatisierten Hof mit Futtermaschine und Mistautomaten, wobei die Tiere in den Außenklimaställen maximal vier Monate im Jahr zwischen Dezember und März verbringen – das auch nur, damit sie in der nasskalten Jahreszeit nicht die Wiesen und damit ihr eigenes Sommerfutter zertrampeln. Und weil es im Stall schön viel Platz gibt, dürfen alle ihre eindrucksvollen breiten Hörner behalten.

Die Freude vom Hof in den Haushalt bringen. Ein Transport zum Schlachthaus bleibt den Tieren erspart, von der Geburt bis zur Fleischverarbeitung findet der gesamte Zyklus ihres Lebens auf dem Hof statt. Sie werden in ihrer gewohnten Umgebung mithilfe einer „Mobilen Schlachteinheit" (MSE) auf der Weide getötet – derzeit werden auf dem Hof etwa 75 Tiere jährlich geschlachtet – und anschließend direkt im eigenen Schlachthaus verarbeitet. Hier wird das Fleisch von Mark und seinem Team zu Bioconvenience-Produkten verarbeitet, denn Kochen wie Essen sollen weiterhin Spaß machen. „Es fing damit an, dass wir gesagt haben, wir wissen nicht mehr, was in unserem Essen drin ist … darum wollten wir das selbst in die Hand nehmen", erzählt der Metzger.

Wunsch für die Zukunft wäre es, mit ihren Mahlzeiten irgendwann deutschlandweit in Supermärkten vertreten zu sein, um einer breiten Masse an Menschen gute Bioprodukte anbieten zu können, von denen man weiß, woher die Zutaten kommen.

Diese nordrhein-westfälische Version der beliebten asiatischen Vorspeise ist ein echtes Geschmackserlebnis.

Frühlingsrollen

mit Hack vom Stöckerrind

Zutaten für 4 Personen

30 g Mu-Err-Pilze
80 g Sojasprossen
150 g Chinakohl
50 g Pak Choi
1 Möhre
1 Zwiebel
200 g Rinderhackfleisch
100 g Glasnudeln
3 EL Austernsauce
Salz, Pfeffer aus der Mühle
5-Gewürze-Pulver
20 Blätter Frühlingsrollenteig
Pflanzenöl zum Ausbraten

1. Die Mu-Err-Pilze in etwas Wasser etwa 1 Stunde einweichen. Die Pilze und die Sojasprossen abbrausen und abtropfen lassen. Den Chinakohl und den Pak Choi putzen und waschen. Die Möhre putzen und schälen, die Zwiebel schälen. Die Pilze, den Chinakohl, die Möhre und die Zwiebel in ganz dünne Streifen schneiden. Alle Zutaten in eine Schüssel geben.

2. Das Hackfleisch in einer Pfanne braun und krümelig braten und zum Gemüse geben. Die Glasnudeln etwa 1 bis 2 Minuten in heißes Wasser legen und weich werden lassen. In einem Sieb abtropfen lassen und mit einer Haushaltsschere klein schneiden. Die Nudeln zum Gemüse und Hackfleisch geben und alles gut miteinander mischen. Mit Austernsauce, Salz und den Gewürzen abschmecken.

3. Die einzelnen Teigblätter auf einem feuchten Geschirrtuch verteilen. Die Teigblätter so hinlegen, dass jeweils eine spitze Ecke zum Körper zeigt. Etwas unterhalb der Mitte jeweils 1 EL Füllmasse geben. Danach das untere Drittel des Teigblatts über die Füllung schlagen und die beiden äußeren Ecken nach innen falten. Nun alles zu einer straffen Rolle aufwickeln. Die obere Spitze mit Wasser bepinseln und gut festdrücken.

4. Reichlich Pflanzenöl in einem Topf, einer Pfanne oder in der Fritteuse auf 180°C erhitzen. Die Frühlingsrollen darin etwa 5 Minuten goldbraun frittieren und auf Küchenpapier abtropfen lassen.

Dreierlei vom Stöckerrind

Ribs, Kroketten und Filet

Zutaten für 4 Personen

Für die Asian Beefribs:
4 Shortribs
1 durchgepresste Knoblauchzehe
2 EL Sojasauce
2 EL Austernsauce
2 EL Sesamöl
½ TL Zitronengraspulver
3 EL Honig · 3 EL Ketchup
1 Prise 5-Gewürze-Pulver
Salz, Pfeffer aus der Mühle

Für die Ochsenschwanzkrokette:
4 Stangen Staudensellerie
1 dicke Möhre
1 Zwiebel
2 Knoblauchzehen
2 Zweige Rosmarin
2 kg Ochsenschwanz
Salz, Pfeffer aus der Mühle
1 EL Mehl
1 EL Butter
1 EL Öl
1 EL Tomatenmark
½ l trockener Rotwein
2 Lorbeerblätter
2 cm Zimtstange
1 TL Chiliflocken
2 TL ungesüßtes Kakaopulver
Speisestärke
2 verquirlte Eier (M)
1 Päckchen Panko (ca. 140 g)
Fett zum Frittieren

Für das Filet:
4 Stücke Rinderfilet
Salz
Zucker
30 g Butter
1 klein gewürfelte Knoblauchzehe

1. Für die Beefribs das Fleisch in eine flache Schale legen, die übrigen Zutaten verrühren und darübergießen. Etwa 24 Stunden marinieren. Danach bei 85 °C im Smoker etwa 5 Stunden garen. Anschließend die Ribs nochmal mit Marinade bepinseln und kurz angrillen.

2. Für die Krokette den Staudensellerie putzen, waschen und in dünne Scheiben schneiden. Die Möhre putzen, schälen und fein würfeln. Die Zwiebel und den Knoblauch schälen und fein würfeln. Den Rosmarin abbrausen und trocken schütteln, die Nadeln abzupfen und fein hacken.

3. Die Ochsenschwanzstücke salzen, pfeffern und mit Mehl bestäuben. Butter und Öl in einem ofenfesten Schmortopf erhitzen. Das Fleisch darin portionsweise rundherum scharf anbraten, herausnehmen. Gemüse und Rosmarin im Topf anbraten, das Tomatenmark unterrühren. Das Fleisch wieder dazugeben, ein Drittel des Weines angießen und fast einkochen lassen. Ein weiteres Drittel angießen und einkochen lassen. Den übrigen Wein mit Lorbeerblättern, Zimt, Chiliflocken und Salz dazugeben. Das Ragout auf der mittleren Schiene im Backofen bei 120 °C etwa 4 bis 5 Stunden schmoren lassen. Dabei ab und zu durchrühren und eventuell noch etwas Wasser oder Wein angießen.

4. Das Fleisch vom Knochen lösen, die Lorbeerblätter entfernen und das Ragout mit Kakao und Salz abschmecken. Eventuell etwas Mehl mit Wasser verrühren und das Ragout damit abbinden. Kalt werden lassen, aus der Masse Bällchen formen und über Nacht tiefkühlen.

5. Am nächsten Tag die Bällchen erst in Speisestärke, dann in Ei und Panko wälzen, panieren und in reichlich heißem Fett kurz anfrittieren. Danach nochmals panieren und goldgelb ausbacken.

6. Für das Filet die Filetstücke im Wasserbad bei 60 °C 3 Stunden garen. Anschließend herausnehmen und mit Salz und Zucker würzen. Das Fleisch in der heißen Butter mit dem Knoblauch von beiden Seiten kurz anbraten und Farbe geben.

Tipp:
Zum Dreierlei vom Rind passt gut ein Sellerie-Kartoffel-Püree. Ebenso ein Möhrengemüse, das nach dem Blanchieren mit Sesamöl, Sojasauce, Austernsauce und Limettensaft im Wok angebraten und mit Erdnüssen bestreut wird.

Kaiserschmarrn

mit Erdbeereis und Rhabarbersößchen

Zutaten für 4 Personen

Für das Erdbeereis:
350 g TK-Erdbeeren
75 g Zucker
100 g Sahne
1 Päckchen Vanillezucker

Für das Rhabarbersößchen:
250 g Rhabarber
40 g Zucker
¼ Vanilleschote
1 TL Stärke

Für den Kaiserschmarrn:
4 Eier (M)
200 g Mehl
60 g Zucker
Salz
300 ml Milch
30 g Butter
Puderzucker

1. Für das Erdbeereis die tiefgekühlten Erdbeeren mit den übrigen Zutaten im Mixer nur kurz pürieren. Das Eis bis zum Servieren in die Tiefkühltruhe stellen.

2. Für das Rhabarbersößchen den Rhabarber waschen, Blätter und Enden abschneiden, falls nötig schälen. Die Rhabarberstangen in etwa 2 cm breite Stücke schneiden, in einem Topf mit dem Zucker vermengen und etwa 30 Minuten ziehen lassen.

3. Den Rhabarber bei mittlerer Hitze etwa 5 Minuten köcheln lassen, bis Saft entstanden ist, in ein Sieb abschütten, dabei den Saft auffangen und zurück in den Topf geben. Die Vanilleschote längs aufschneiden, das Mark mit einem spitzen Messer herauskratzen und zum Saft geben. Die Stärke mit etwa 3 EL Wasser glatt rühren und unter den Rhabarbersaft rühren. Die Rhabarberstücke zurück in den Topf geben und alles etwa 3 Minuten einköcheln lassen, dann pürieren.

4. Für den Kaiserschmarrn den Backofen auf 180 °C vorheizen. Die Eier trennen. Das Mehl mit dem Zucker, 1 Prise Salz, den Eigelben und der Milch zu einem glatten, dickflüssigen Teig verrühren. Die Eiweiße zu steifem Schnee schlagen und unter den Teig heben.

5. Die Butter in einer ofenfesten Pfanne aufschäumen lassen, sodass sie sehr heiß ist. Den Teig langsam eingießen und mithilfe eines Pfannenwenders beidseitig kurz anbacken. Im Backofen in etwa 10 bis 12 Minuten goldbraun fertig backen. Die Pfanne aus dem Backofen nehmen und den fertigen Teig mit zwei Gabeln in kleine Stücke reißen. Den Kaiserschmarrn mit Puderzucker bestäuben und mit dem Rhabarbersößchen und dem Erdbeereis servieren.

Das Futter für die Ziegen besteht aus dem, was die Umgebung zu bieten hat: das Gras auf den Weiden, das hofeigene Heu oder im Herbst Kastanien – also alles rein natürliche Inhaltsstoffe. Das kann man auch im Käse schmecken, den Ilona in der eigenen Käserei herstellt.

Ilona Kuhnen

Wo gemeckert wird, da lass dich gern nieder – im Rheinland sind auf dem liebenswerten Hof von Familie Kuhnen die Ziegen und Esel los.

Lebensprojekt Ziegenhof. Bornheim ist die nördlichste Stadt der Rhein-Voreifel und hat insgesamt 14 Ortsteile – der drittkleinste von ihnen ist Rösberg. Neben dem viel geschätzten Höhenklima hier, einem Schloss und einem Wasserturm bereichert der Ziegenhof Rösberg das Örtchen um ein weiteres Highlight. Diesen betreibt Ilona mit der Unterstützung ihrer Familie. Die 46-Jährige stammt aus Westfalen und wollte schon immer Landwirtin werden. Aus diesem Grund ist sie vor langer Zeit ins Rheinland gekommen, um in Bonn mithilfe eines entsprechenden Studiums ihre Leidenschaft zum Beruf zu machen. Hier entdeckte sie das Grundstück und begann ihr Vorhaben, einen Ziegenhof zu eröffnen.

„Ziegen sind intelligente Tiere, sie haben auch viel Unsinn im Kopf."

Der Hof ist inzwischen aus den Kinderschuhen entwachsen und Ilona zur Bauernhofpädagogin weitergebildet. Sie bietet Groß und Klein rund ums Jahr mit verschiedensten Aktivitäten eine erlebnisreiche Zeit – sei es bei Eselwanderungen, bei Bauernhoftagen, bei Hoffesten, bei Kindergeburtstagen, bei Hofführungen oder beim Ziegen-Yoga.

„Schafe kann jeder", sagt Ilona mit einem Augenzwinkern. Ziegen hingegen sind intelligente Tiere, was sie hier und dort ein wenig anstrengend machen kann, denn sie haben auch viel Unsinn im Kopf. Darum halten die Tiere die Rheinländerin auch regelmäßig ganz schön auf Trab, was ihrer nun schon so lange währenden Liebe zu den Ziegen allerdings in keiner Weise einen Abbruch tut.

Tierische Mitbewohner sind neben den namensgebenden Ziegen, rund 20 Stück an der Zahl, auch eine kleine Herde aus aktuell sechs Eseln. Mit diesen treuen Tieren zu arbeiten ist ebenfalls besonders und macht vor allem Ilona und ihren Töchtern Paula und Klara – vielleicht gerade deswegen – viel Freude. Hier geht es allerdings nicht darum, die Esel zu reiten oder zu dressieren – sie sollen sich lediglich an den Menschen gewöhnen, damit der wiederum von ihnen etwas mehr Gelassenheit lernen kann. Dazu gibt es im Rahmen von Eselwanderungen die Gelegenheit für Familien oder Erwachsene je nach Bedarf mit oder ohne kulinarische Highlights.

Das Glück kann man im Käse schmecken. Morgens und abends werden die Ziegen gemolken, während sie entspannt auf ihrem Melkstand stehen und ihr Futter genießen. Ilona erklärt, dass man im Käse wirklich schmecken kann, welches Futter die Tiere aufgenommen haben. „An Regentagen, wenn die Ziegen mehr Heu zu sich nehmen, wird der Käse nicht so cremig wie an Tagen, an denen die Hauptfutterquelle das saftige Grün der Weiden ist." Wer den Geschmackstest machen möchte, kann die Produkte im Hofladen erwerben. Die angebotenen Produkte stellt Ilona in ihrer Käserei selbst her. Nach dem Filtern der Milch wird sie schonend bei niedriger Temperatur pasteurisiert. So bleiben alle guten Inhaltsstoffe erhalten, während die Schadkeime auf ein Minimum reduziert werden. Wieder abgekühlt, beginnt die Weiterverarbeitung der Milch zu verschiedenen Käse- und Joghurtprodukten.

Der Blick auf die grasenden Tiere erfreut Ilona immer wieder aufs Neue und zaubert ihr ein Lächeln ins Gesicht. Mögen sich neben Familie Kuhnen auch weiterhin viele kleine und große Gäste an den verschiedenen Produkten der Ziegen ebenso wie an schönen Tagen auf dem Hof erfreuen oder bei Eselwanderungen Gelassenheit lernen.

Das Ragout kann toll auch am Vortag zubereitet werden. Mit frischen Bandnudeln serviert ist es ein echter Genuss.

Zickleinragout

mit
hausgemachten Bandnudeln

Zutaten für 4–6 Personen

Für das Ragout:
2 rote Zwiebeln
3 EL Öl
2 kg klein geschnittenes, küchenfertiges Zickleinfleisch (Keule, Schulter, Hals)
Salz
Pfeffer aus der Mühle
edelsüßes Paprikapulver
3 EL Tomatenmark
150 ml Gemüsebrühe

Für die Nudeln:
500 g italienischer Hartweizengrieß
4 Eier (M)
Salz
Mehl zum Arbeiten

1. Die Zwiebeln schälen und klein würfeln. Das Öl im Topf erhitzen und das Fleisch darin scharf anbraten. Zwiebeln, Salz, Pfeffer, Paprikapulver und Tomatenmark unterrühren, kurz mitbraten und darauf achten, dass die Zwiebeln nicht zu dunkel werden.

2. Das Ragout mit der Gemüsebrühe ablöschen. Etwas Wasser hinzufügen und etwa 1 bis 1 ½ Stunden köcheln lassen, bis das Fleisch butterzart ist. Die Garzeit richtet sich nach Alter und Bewegung des Tieres.

3. Für die Nudeln Grieß, Eier und 1 TL Salz vermischen, kräftig kneten und zu einer Kugel formen. Wichtig: Der Teig darf nicht zu feucht sein, er krümelt sehr. Wenn man die Teigkugel in eine Plastiktüte gibt und bestenfalls über Nacht in den Kühlschrank legt, kann der Teig durchziehen und wird so elastischer.

4. Die Teigkugel in mehrere Portionen teilen und auf einer bemehlten Arbeitsfläche ausrollen. Dann mehrmals durch eine Nudelmaschine drehen, bis der Teig schön dünn ist. Wer einen Aufsatz für Bandnudeln hat, dreht den Teig durch diesen Aufsatz, sonst den Teig mit einem Messer in Streifen schneiden. Die fertigen Nudeln rundum mit Mehl bestäuben, damit sie nicht zusammenkleben. In reichlich Salzwasser, je nach Dicke, etwa 2 bis 3 Minuten bissfest kochen. Abtropfen lassen und zum Ragout servieren.

Tipps:

- Das Ragout kann am Vortag zubereitet werden. Wem die Sauce zu flüssig ist, der dickt sie mit etwas Mehl an.
- Wer keine Nudelmaschine zu Hause hat: Frische Bandnudeln aus der Kühltheke sind eine gute Alternative. Falls Nudeln übrig bleiben, einfach einfrieren.

Sommersalat

aus dem Garten mit Radieschenvinaigrette

Zutaten für 4 Personen

300 g gemischter Salat (z. B. Kopfsalat, Eisbergsalat, Feldsalat, Pflücksalat) · 12 Radieschen
½ Bund Kräuter (z. B. Schnittlauch, Dill, Petersilie, Basilikum) · 5 EL Olivenöl · Saft von 1 Zitrone · Zucker
Salz, Pfeffer aus der Mühle

Außerdem:
Kapuzinierkresseblüten

1. Den Salat putzen, waschen und trocken schleudern. Die Radieschen putzen und waschen. 4 Radieschen in Scheiben schneiden, den Rest fein würfeln. Die Kräuter waschen, trocken schütteln und fein hacken.

2. Das Öl mit dem Zitronensaft, etwas Zucker, Salz und Pfeffer verrühren. Die Radieschenwürfel und die Kräuter unterheben.

3. Den Salat in mundgerechte Stücke zupfen und mit der Vinaigrette vermischen. Den Salat auf Teller verteilen und mit Radieschenscheiben und Kapuzinerkresseblüten garnieren.

Blaubeertiramisu

mit Ziegenjoghurtcreme

Zutaten für 4 Personen

500 g Blaubeeren · 200 g Butterkekse
400 g kalte Sahne
Honig oder Zucker (Menge nach Geschmack)
370 g Ziegenjoghurt · brauner Zucker zum Bestreuen

1. Die Blaubeeren verlesen, waschen und abtropfen lassen. Die Butterkekse in einen Gefrierbeutel füllen und mit den Handflächen oder einem Nudelholz zerbröseln – nicht zu fein, sonst werden die Kekse im Tiramisu schnell zu Brei.

2. Die Brösel etwa daumenbreit in Weckgläser oder andere Gläser füllen. Die Blaubeeren über den Keksboden schichten.

3. Die Sahne mit Honig oder Zucker steif schlagen. Den Joghurt vorsichtig unterrühren. Den Sahnejoghurt über die Blaubeeren füllen und das Tiramisu kalt stellen. Vor dem Servieren mit etwas braunem Zucker bestreuen.

Tipps

Statt Blaubeeren schmecken auch alle anderen Beeren lecker. Die Butterkekse lassen sich durch Löffelbiskuits oder andere Lieblingskekse ersetzen.

Seit Frühjahr 2022 ist der eigene Hofladen geöffnet, der Büffelfleisch und verschiedene regionale Produkte führt. Und wer schon mal da ist, kann sich unweit der Verkaufsstelle mit eigenen Augen davon überzeugen, wie gut es den asiatischen Büffeln auf den niederrheinischen Weiden geht.

Martin Döring

Wo gehörnte Vierbeiner die Auen des Niederrheins bewohnen – in Wesel hat Familie Döring asiatische Wasserbüffel angesiedelt.

Die Wasserbüffel von Ginderich. Ginderich ist der westlichste Ortsteil der niederrheinischen Stadt Wesel. Nicht weit davon entfernt schließt sich das Naturschutzgebiet der Bislicher Insel an, die geografisch betrachtet gar keine wirkliche Insel, sondern durch Flusslaufänderungen des Rheins entstanden ist – sie ist eine der wenigen noch vorhandenen Auenlandschaften in Deutschland.

„Die Wasserbüffel sind zu einem wesentlichen Bestandteil des Naturschutzkonzepts geworden."

Hier bewohnen und bewirtschaften seit 2009 Martin und Beate Döring den Hof in fünfter Generation, der schon mindestens seit Napoleons Zeiten existiert – genau weiß man das nicht. Mit von der Partie sind die beiden Kinder Lennart und Charlotte sowie Martins Mutter. Landwirtschaftlich stand schon immer die Tierhaltung im Vordergrund: Bevor die ersten Wasserbüffel 2017 hier eingezogen sind, lag der Schwerpunkt auf einer Herde Charolais-Rinder, von denen noch zehn übrig sind.

Inzwischen ist die Herde, die zwischen 100 und 120 Tiere zählt, eine niederrheinische Attraktion. An den asiatischen Büffeln fasziniert den Landwirt und die gelernte Chemotechnikerin das ruhige und zutrauliche Wesen der Tiere, die viel sanftmütiger sind als ihre afrikanischen Artgenossen, die sich in ihrer Heimat gern auch schon einmal mit einem Löwen anlegen. Aber die sind am Niederrhein glücklicherweise ja eh eher selten.

Ein geschütztes Paradies für Tiere. Den Sommer über leben die robusten Tiere komplett im Naturschutzgebiet Bislicher Insel. Besonders für auf Feuchtgebiete angewiesene Vögel ist ihre Bedeutung als Rast- und Brutplatz groß, zudem bietet sie einen Rückzugsort für viele andere Tiere. Mit ihrer Gesamtfläche von etwa 1.200 Hektar besitzt die Bislicher Insel eine vielfältige Natur, die von den mehr oder weniger regelmäßigen Hochwassern des Rheins geprägt ist.

Die perfekte Umgebung also für die Wasserbüffel der Dörings, die zu einem wesentlichen Bestandteil des hiesigen Naturschutzkonzepts geworden sind: Dadurch, dass sie härtere Pflanzen fressen können als herkömmliche Rinder, halten sie die Uferränder kurz, sorgen so für Brutplätze der Vögel, graben Suhlen, das heißt mit Wasser gefüllte Senken, in denen sich Insekten niederlassen, die wiederum von den Vögeln gefressen werden. Außerdem ernähren Insekten und Mikroben als Bewohner eines einzigen Büffelfladens ein Kibitzküken, bis es ausgewachsen ist. Neben dem, was die Büffel sich an Nahrung von den Wiesen holen, füttert der 45-jährige Landwirt ausschließlich gentechnikfreies und regional angebautes Futter. Das gilt auch für die Hofhühner, die es in einem Hühnermobil gemütlich und komfortabel haben.

Büffelfleisch to go. Seit Sommer 2021 vertreiben die Dörings das Fleisch ihrer Büffel über einen Automaten auf dem Hofgelände, an dem man rund um die Uhr die gekühlten und luftdicht verpackten Fleisch- und Wurstspezialitäten wie auch Eier vom Hof komfortabel kaufen kann. „Büffelfleisch schmeckt ähnlich wie Rind, aber intensiver, es erinnert geschmacklich an Wild", erklärt Beate. Darüber hinaus hat es mehr Protein und Eisen als Rindfleisch, enthält im Vergleich zu Rind und Schwein wesentlich weniger Cholesterin, dafür mehr Vitamine und wertvolle Omega-3- und Omega-6-Fettsäuren.

In näherer Zukunft soll die Zahl der Wasserbüffel auf 140 Tiere anwachsen. Seine Herde möchte Martin Döring auf solide Füße stellen, um gemeinsam mit seiner Familie in eine positive Zukunft zu gehen.

Weißer Spargel von der Grillplatte

mit Baguette nach Omas Art

Zutaten für 6 Personen

Für das Baguette:
500 g Dinkelmehl
60 g Sonnenblumenkerne
50 g Leinsamen
50 g Sesam
Salz
1 Würfel Hefe
1 EL Rübenkraut
2 EL Obstessig
Öl und Sesam für die Form

Für die Spargelschiffchen:
1 ½ kg weißer Spargel
Öl
Salz, Pfeffer aus der Mühle
Zucker

Außerdem:
Baguetteform für 2 Brote
Alufolie

1. Das Mehl mit Sonnenblumenkernen, Leinsamen, Sesam und 2 TL Salz mischen. Die Hefe mit Rübenkraut und Essig in ½ l lauwarmem Wasser auflösen. Zur Mehl-Körner-Mischung geben und alles zu einem zähflüssigen Teig verrühren.

2. Eine Baguetteform einfetten und mit Sesam ausstreuen. Den Teig halbieren und jeweils in die Rundungen der Form geben. Im Backofen etwa 1 Stunde bei 180 °C Umluft backen, bis die Baguettes eine goldbraune Farbe haben.

3. Für die Spargelschiffchen die Grilltonne vorheizen. Den Spargel schälen, die holzigen Enden abschneiden. Aus Alufolie sechs Schiffchen formen und auf die heiße Platte der Grilltonne legen. Etwas Öl auf jedes Schiffchen geben. Den Spargel darauflegen und mit Salz und Pfeffer würzen. Den Spargel etwa 10 Minuten oder bis zum gewünschten Garpunkt braten. Kurz vor Ende der Garzeit die Stangen mit etwas Zucker karamellisieren. Den Spargel mit dem Baguette servieren.

Wasserbüffel von der Grillplatte

mit Drillingen aus der Pfanne

Zutaten für 6 Personen

1,2 kg kleine Kartoffeln aus neuer Ernte (Drillinge)
Salz
150 g geräucherter Bauchspeck
4 Frühlingszwiebeln
Öl zum Braten
Pfeffer aus der Mühle
6 Wasserbüffel-Hüftsteaks (à ca. 200–250 g)

1. Die Grilltonne vorheizen. Die Kartoffeln waschen und mit Schale in Salzwasser bissfest garen. Den Speck in kleine Würfel schneiden. Die Frühlingszwiebeln putzen, waschen und in feine Ringe schneiden.

2. Den Speck in einer Pfanne in heißem Öl anbraten, die gegarten Kartoffeln und die Frühlingszwiebeln dazugeben und so lange braten, bis die gewünschte Bräunung erreicht ist. Nach Bedarf mit Salz und Pfeffer würzen.

3. Die Hüftsteaks auf der heißen Platte der Grilltonne von beiden Seiten bis zum gewünschtem Garpunkt braten – je nach Dicke des Fleisches etwa 5 Minuten von jeder Seite. Die Steaks noch etwa 4 Minuten auf der Ruhezone der Platte liegen lassen. Mit Salz und Pfeffer würzen. Mit den Kartoffeln servieren.

In Tütchen gegrillt schmecken nicht nur Beeren lecker. Probieren Sie auch mal Aprikosen, Pfirsiche oder Zwetschgen.

Gegrillte Obsttütchen

mit hausgemachtem Vanilleeis

Zutaten für 6 Personen

Für das Eis:
5 Eigelb
170 g Zucker
Salz
1 Vanilleschote
500 ml Vollmilch
100 g Sahne

Für die Obsttütchen:
600 g Beeren nach Belieben (z. B. Erdbeeren, Himbeeren, Blaubeeren)
Rohrohrzucker
Backpapier
Küchengarn

1. Für das Eis die Eigelbe mit dem Zucker und 1 Prise Salz schaumig schlagen. Die Vanilleschote längs aufschneiden und das Mark mit einem spitzen Messer herauskratzen.

2. Die Milch mit der Sahne und dem Vanillemark erhitzen, aber nicht kochen lassen. Die Eiermasse nach und nach unter die Milchmischung rühren und unter ständigem Rühren auf 75 °C erhitzen.

3. Den Topf vom Herd nehmen, die Vanilleschote entfernen und die Masse auf Kühlschranktemperatur abkühlen lassen. Die Masse in die Eismaschine geben und gefrieren lassen.

4. Die Grilltonne vorheizen. Sechs Stücke Backpapier ausbreiten. Auf jedes Backpapier einige Beeren und etwas Rohrohrzucker geben. Das Backpapier jeweils zu einem Tütchen formen und mit Küchengarn verschließen. Die Tütchen etwa 5 Minuten auf der Platte der Grilltonne garen und warm mit dem Vanilleeis servieren.

Tipp:
Wer die Tütchen auf einem herkömmlichen Grill zubereiten möchte, legt Alufolie oder ein Blech unter.

Der erste Schritt in Richtung ihrer Zielumsetzung war für Marie und Lewis der Aufbau einer Solawi-Gemüsegärtnerei. Bereits das erste Anbaujahr war erfolgreicher, als sie erwartet hatten. Nun startet das Paar optimistisch und mit ganz viel Energie ins zweite Jahr.

Marie Woeste

Innovative Wege für einen sehr alten Hof – im Sauerland macht sich eine junge Generation bereit für regenerative Landwirtschaft.

Ganz schön viel Woeste. Unterhalb des Naturschutzgebiets Stilleking – das seltenen Tierarten einen bedeutenden Lebensraum bietet – in Lüdenscheid, im Mintenbecker Tal hinter Schloss Neuenhof mitten im Sauerland, liegt der Hof Woeste sehr idyllisch in Alleinlage am Ende einer recht langgezogenen Sackgasse. Hier leben und arbeiten Marie Woeste und ihr Partner Lewis Zierke mit Maries Eltern Dirk und Catrin sowie Bruder Alexander.

Der Hof blickt auf eine über 600-jährige Geschichte zurück und wird seit jeher von Familie Woeste landwirtschaftlich betrieben. Bis in die 1970er-Jahre war er ein klassischer Ackerbau-, Viehzucht- und Milchviehbetrieb. Die darauffolgende Umnutzung brachte Naturschutzverträge für das Grünland und die Anlage einer Baumschule, allerdings wurden die 28 Hektar Land von Vater Dirk zuletzt nur noch im Nebenerwerb geführt.

Mit Vielfalt zu mehr Nachhaltigkeit. Mit der Rückkehr von Marie und Lewis nach Abschluss des Bachelorstudiums im Fach Ökologische Landwirtschaft weht seit Ende 2020 wieder einmal frischer Wind über die Ländereien. Das Paar möchte hier seine eigenen Ideale leben, „den Hof ordentlich umkrempeln", ihn auf der Basis regenerativer Landwirtschaft sukzessive in einen bunten Vielfaltsbetrieb verwandeln. Ziel ist es, den Hof im Vollerwerb wieder zurück in eine resiliente Nutzung zu bringen, also eine robuste Landwirtschaft, die anpassungsfähig und transformierbar ist, die zukünftigen Generationen ein Leben von und mit der Landwirtschaft ermöglicht.

Erreicht werden soll dieses Ziel durch das Prinzip der solidarischen Landwirtschaft, bei der sich Konsument*innen und Landwirt*innen zusammenschließen, um den gesamten Anbau zu finanzieren, nicht nur das einzelne Produkt. Im Gegenzug zum Teilen von Risiko und Kosten werden auch die Erträge unter den Mitgliedern geteilt. Die große Vorteile für die Landwirt*innen sind Planungssicherheit und ein weitgehend marktunabhängiger Anbau, der viel diverser und bodenfreundlicher sein kann. Auch die Umwelt profitiert, denn neben weniger Lebensmittelverschwendung werden die Transportwege kurz gehalten und die regionale Versorgung gestärkt.

„Wir möchten hier unsere Ideale leben, also eine Landwirtschaft ermöglichen, die anpassungsfähig und transformierbar ist."

Moderne Wege der Vermarktung. Dabei begreift das Paar das System der solidarischen Landwirtschaft über alle anderen Vorteile hinaus auch als Vermarktungsweg beziehungsweise Vertriebskanal, denn letztendlich dient es auch der Kundenbindung. „Als Jungunternehmer*innen haben wir nicht viel Eigenkapital und wollten uns nicht von Krediten großer Banken abhängig machen", erklärt die 25-Jährige. Ende 2021 haben Marie und Lewis über eine Crowdfunding-Aktion über die Vergabe von Patenschaften Geld gesammelt, mit dem sie über tausend Obstbäume, Nuss- und Beerenobststräucher pflanzen werden, um neuen Lebensraum für Insekten und Vögel, aber auch glückliche Weidehähnchen und Gänse zu schaffen.

Ziel auf dem Hof Woeste ist es, mit anderen Interessierten langfristig ein Agroforstsystem zu installieren und die Landwirtschaft zukunftsfähig und enkeltauglich zu gestalten. Bis Marie und Lewis selbst Enkel haben, werden sie das dank ihrer Entschlossenheit, Tatkraft und modernen Ideen ganz sicher erreichen können.

Wildkräuter werden in Gärten meist als Unkraut ausgezupft, dabei verdienen sie durchaus eine Chance in der Küche.

Wildkräuterquiches

an Tomatensalat mit Löwenzahnkapern

Zutaten für 4 Personen

Für die Löwenzahnkapern:
100 g Löwenzahnknospen
60 ml Essig
30 g Salz
1 TL Zucker
½ TL Pfefferkörner
½ TL Wacholderbeeren

Für die Mini-Quiches
400 g Wildkräuter (z. B. Giersch, Brennnessel, Löwenzahn)
150 g Feta
1 Knoblauchzehe
4 Eier (M)
250 g Sahne
Salz, Pfeffer aus der Mühle
1 Packung frischer Blätterteig (275 g)
Muffinblech

Für den Tomatensalat:
500 g Cherrytomaten
1 rote Zwiebel
1 Handvoll Basilikumblätter
5 EL Olivenöl
2 EL Aceto balsamico
Salz, Pfeffer aus der Mühle

1. Für die Kapern die Löwenzahnknospen waschen und in ein Glas mit Schraubverschluss füllen. 250 ml Wasser mit dem Essig, dem Salz, dem Zucker und den Gewürzen sprudelnd aufkochen und über die Knospen gießen. Die Kapern an einem dunklen und kühlen Ort 2 Tage durchziehen lassen.

2. Für die Quiches den Backofen auf 180 °C vorheizen. Die Wildkräuter verlesen, waschen, trocken schleudern, klein hacken und in einer Pfanne andünsten. Den Feta in Würfel schneiden. Den Knoblauch schälen und fein würfeln. Die Kräuter ein wenig ausdrücken und mit den Eiern, der Sahne, den Fetawürfeln und dem Knoblauch vermengen. Mit Salz und Pfeffer würzen.

3. Den Blätterteig in quadratische Stücke schneiden und jedes Förmchen der Muffinform damit auslegen. Die Wildkräutermasse einfüllen. Die Mini-Quiches im Backofen auf der mittleren Schiene etwa 25 Minuten backen.

4. Für den Salat die Tomaten waschen und halbieren. Die Zwiebel schälen und in feine Würfel schneiden. Die Basilikumblätter waschen, trocken schütteln und in Streifen schneiden. Alles in eine Schüssel geben. Das Öl mit Essig, Salz und Pfeffer verrühren, darübergießen und untermischen. Die Löwenzahnkapern abtropfen lassen und zum Tomatensalat geben. Zu den leicht abgekühlten Quiches servieren.

Tipps:

- Als Löwenzahnkapern eignen sich am besten die verschlossenen Knospen nah am Boden. Wer sie nicht selbst machen möchte, nimmt Kapern aus dem Supermarkt.
- Im Rezept kann die Sahne problemlos durch Sojasahne und der Feta durch Räuchertofu ersetzt werden, um das Gericht vegan zu machen.
- Die übrigen Quiches am nächsten Tag kalt oder leicht aufgebacken genießen.

Gedämpfte Hähnchenbrust

mit Ofenkartoffeln, bunten Möhrchen und Gartensalat

Zutaten für 4 Personen

Für die Ofenkartoffeln:
1 Handvoll frische Kräuter
600 g festkochende Kartoffeln
Olivenöl
Salz, Pfeffer aus der Mühle

Für die Hähnchenbrust:
300 g frische Kräuter
4 Hähnchenbrustfilets
Salz, Pfeffer aus der Mühle

Für den Gartensalat:
400 g gemischten Blattsalat (z. B. Asia Salat, bunter Schnittsalat, Rucola)
1 Handvoll frische Kräuter (z.B. Basilikum, Majoran, Dill, Petersilie)
1 Salatgurke
15 Cherrytomaten
1 kleines Bund Winterheckenzwiebeln oder Frühlingszwiebeln
2 EL Aceto balsamico
5 EL Olivenöl
1 EL Honig
1 EL Senf
Salz, Pfeffer aus der Mühle
Saft von 1 Orange

Für die glasierten Möhrchen:
600 g kleine bunte Möhren
50 g Butter
1 EL Honig
Salz

Für die Kräuter-Schmand-Sauce:
1 Handvoll frische Kräuter
300 g Schmand
Salz, Pfeffer aus der Mühle

1. Für die Ofenkartoffeln die Kräuter waschen und trocken schütteln. Die Kartoffeln waschen und halbieren. Das Olivenöl auf die Schnittstellen pinseln, kleine Blätter der Kräuter oder Triebspitzen darauflegen. Die Kartoffeln mit der Schnittfläche nach unten auf ein mit Backpapier belegtes Backblech legen. Die Kartoffeln mit Salz und Pfeffer bestreuen und im Backofen auf der mittleren Schiene bei 180 °C Umluft etwa 40 Minuten goldbraun backen.

2. Für die Hähnchenbrust die Kräuter waschen und trocken schütteln, im Dampfgareinsatz verteilen. Die Hähnchenbrustfilets waschen, trocken tupfen und mit Salz und Pfeffer von allen Seiten würzen. Auf das Kräuterbett legen und 20 Minuten garen.

3. Für den Gartensalat die Blattsalate und die Kräuter waschen, trocken schütteln und fein hacken. Die Gurke waschen, die Enden abschneiden und die Gurke in feine Scheiben schneiden. Die Tomaten waschen und halbieren. Die Zwiebeln putzen, waschen und in Ringe schneiden. Den Salat in mundgerechte Stücke zupfen und mit Gurke, Tomaten und Zwiebeln in eine Schüssel geben. Essig, Öl, Honig, Senf, Salz, Pfeffer und Orangensaft verrühren, Kräuter untermischen. Das Dressing unter den Salat mischen.

4. Für die glasierten Möhrchen die Möhren schälen, das Grün eingekürzt stehen lassen. Die Butter in einer Pfanne zerlassen. Den Honig einrühren und die Möhren unter ständigem Wenden etwa 5 Minuten braten, salzen. Abgedeckt warm halten.

5. Für die Schmandsauce die Kräuter waschen und trocken schütteln. Den vom Dampfgareinsatz aufgefangenen Sud in einen Topf geben, mit dem Schmand verrühren und 1 Handvoll gehackte Kräuter untermengen. Mit Salz und Pfeffer würzen.

6. Die Hähnchenbrustfilets auf beiden Seiten scharf anbraten, bis sie goldgelb sind. Jedes Filet in feine Streifen schneiden und mit den Ofenkartoffeln, den Möhren und der Schmandsauce auf Tellern anrichten. Den Salat extra dazu reichen.

Tipp:
Als Kräuter für das Hähnchenbett eignen sich besonders gut Liebstöckel, Petersilie, Rosmarin und Thymian, da diese viele ätherische Öle enthalten. Für den Schmand kann es ruhig ausgefallener sein: Kerbel, Sauerampfer und Pimpinelle sind darin fein gehackt ein wahrer Genuss.

„Wie-Rhabarber“-Kompott

mit Sahne-Joghurt-Eis und Muttis Waffeln

Zutaten für 4 Personen

Für das Kompott:
500 g japanischer Staudenknöterich (junge, etwa 20 cm große Triebe)
100 g Zucker
200 ml Hibiskustee
1 Vanilleschote
1 Biozitrone

Für das Eis:
200 g Sahne
350 g griechischer Joghurt
80 g Puderzucker
1 EL Zitronensaft

Für die Waffeln:
40 g Butter
50 g Zucker
1 Päckchen Vanillezucker
1 Ei (Größe L)
100 g Dinkelmehl
Zimt
Salz
1 TL Backpulver
etwas abgeriebene Schale von 1 Biozitrone
80 ml Milch
Fett fürs Waffeleisen

1. Für das Kompott Blätter und Triebspitzen vom Knöterich abschneiden. Die Röhren halbieren und in 1 cm große Stücke schneiden. Den Zucker darüberstreuen, gut durchmischen und 1 Stunde ziehen lassen.

2. Einen starken Tee mit 2 EL Hibiskusblüten zubereiten. Den abgeseihten Tee und die Knöterichstücke mit ihrem Saft in einen Topf geben. Die Vanilleschote längs aufschneiden und das Mark mit einem spitzen Messer herauskratzen, mit der Schote zum Knöterich geben. Die Zitrone auspressen, vierteln, mit dem Saft in den Topf geben und 10 Minuten köcheln lassen. Nach etwa 5 Minuten Zitronenschale und Vanilleschote entfernen.

3. Für das Eis die Sahne steif schlagen. Den Joghurt mit dem Puderzucker und dem Zitronensaft verrühren. Die Sahne unter den Joghurt heben und die Masse in die Eismaschine geben. Sobald die Masse gefroren ist, umfüllen und bis zur Verwendung einfrieren.

4. Für die Waffel die Butter mit dem Zucker und dem Vanillezucker schaumig schlagen. Das Ei dazugeben und nochmal aufschlagen. Das Mehl, etwas Zimt, 1 Prise Salz, Backpulver und Zitronenabrieb untermischen und die Milch langsam unterrühren. Die Waffeln im eingefetteten Waffeleisen ausbacken und noch warm mit dem lauwarmen Kompott und 1 Kugel Eis servieren.

Tipp:
Der japanische Staudenknöterich ist oft nicht gern gesehen – er breitet sich schnell aus und nimmt viel Platz im Garten ein. Doch kann diese alte Gemüsepflanze aus Japan mit ihrem rhabarberartigen Aroma vielseitig genutzt werden. Am besten schmecken die jungen Triebe im Frühjahr ab Ende April. Dann sind sie noch besonders zart.

In den vergangenen 30 Jahren wurde der Bereich der Direktvermarktung kontinuierlich ausgebaut, Nikolas richtet seinen Blick auch weiterhin ganz klar auf den Endverbraucher und setzt auf hohe Qualität in kleinen Einheiten, die ausschließlich für den Hofladen bestimmt sind.

Nikolas Weber

Von Feld und Stall zum Endverbraucher – in Essen mitten im Pott kauft man dank Direktvermarktung beste Qualität ab Hof.

Wenn Tradition verpflichtet. Der Oberschuirshof mittendrin im Ruhrpott, genauer gefasst in Essen-Kettwig, wird im Jahr 1350 erstmalig urkundlich erwähnt. Seit 1760 ist er im Besitz der Familie, Nikolas Weber führt ihn in nunmehr neunter Generation. Den daraus erwachsenden Traditionen fühlt sich der Landwirt durchaus verpflichtet, verantwortungsvoller Umgang mit den Ressourcen der Region und den Tieren sind seine Schlagwörter. „Der Oberschuirshof ist ein Bauernhof, wie er schon immer war", erzählt Nikolas. „Das heißt nicht, dass wir noch mit Ochsen die Felder pflügen. Aber wir arbeiten täglich im Einklang mit der Natur. Deshalb achten wir beim Ackerbau zum Beispiel auf eine ausgewogene Fruchtfolge und den Erhalt der Artenvielfalt."

Viel los auf dem Hof. Auf den Ländereien rund um den Hof werden über 25 verschiedene Gemüsesorten und einige Kartoffelsorten in integriertem Landbau angebaut – Chemie wird nur dort eingesetzt, wo sie wirklich nötig ist, Monokulturen sind ein No-Go. Hinzu kommen verschiedene Apfel-, Birnen- und Pflaumensorten sowie Strauchbeeren.

Auch Nutztiere gibt es reichlich auf dem Oberschuirshof. Seit 2014 züchtet der Landwirt reinrassige, spanische Iberico-Schweine, die genetisch bedingt nur langsam wachsen. Der langsame Wuchs führt zur intramuskulären Fetteinlagerung, die das Fleisch so besonders zart und wohlschmeckend macht. Aktuell besteht die kleine Herde aus 50 Tieren, gefüttert werden hauptsächlich Getreide, Heu und Grün.

Schafe und Ziegen müssen sich ihr Futter größtenteils selbst organisieren – sie werden auf den Wiesen als Landschaftspfleger eingesetzt und düngen diese ganz natürlich, wenn nicht gerade die Weidegänse schnatternd über das saftige Grün watscheln. Und wäre das nicht schon ganz schön viel Vieh, gibt es darüber hinaus Legehennen, Hähnchen, Puten, Stockenten und Perlhühner – sie alle haben viel Zeit zum Wachsen. „Deshalb haben sie eine andere Fleischstruktur und schmecken so gut", erklärt Nikolas und ist dabei in seinem Element. Alle Stalltiere stehen auf Stroh und haben deutlich mehr Platz als vorgeschrieben. Tierwohl ist dem 40-Jährigen ein wichtiges Anliegen. Darum wird bei Hühnern, Schweinen, Enten und Gänsen auch auf die Gabe von Antibiotika oder leistungsfördernden Zusätzen verzichtet.

„Wir arbeiten täglich im Einklang mit der Natur."

Lebensmittel zum Erleben. Gern zeigt Nikolas Besucher*innen und Kund*innen des Hofladens die Naturnähe seines Bauernhofs und wie integrierte Landwirtschaft bei ihm funktioniert – „ein Erlebnisbauernhof, auf dem Erwartungen im Sinne von Tiere streicheln und im Heu toben erfüllt werden, ist es allerdings nicht", schränkt er ein. Einige Hühner können Schulen und Seniorenheime, aber auch Privatpersonen und Familien von Nikolas in Kooperation mit den PottRabauken übrigens auch mieten. Und wer Lust darauf hat, sein eigenes Gemüse zu ernten, dem steht ein Teil der Ackerflächen unter dem Stichwort „Feldfreunde" zur Anmietung zur Verfügung. Zuvor sind die Parzellen vom Profi vorbereitet und eingesät worden, ab dann steht alles bereit, was Hobbygärtner*innen zum Beackern seines Stücks Land braucht. Und selbstverständlich steht Nikolas bei Bedarf mit Rat und Tat zur Seite.

Die Landwirtschaft liegt den Webers im Blut, und da Nikolas ein Mensch der Traditionen ist, hätte er große Freude daran, den historischen Hof eines Tages in die Hände einer zehnten Familiengeneration zu übergeben.

Das Topping aus Pfifferlingen verleiht
dem Gulasch geschmacklich eine besondere
Note – und das Auge freut sich mit.

Iberico-Gulasch

mit Pfifferlingen und Spitzkohlsalat

Zutaten für 4 Personen

Für den Spitzkohlsalat:
500 g Spitzkohl
½ Bund Schnittlauch
100 ml Öl
100 ml Essig
1 TL Salz
Pfeffer aus der Mühle
2–3 EL Zucker

Für das Iberico-Gulasch:
800 g Schulter vom Iberico-Schwein
1 große Gewürzzwiebel
150 g Tomaten oder Paprika
3 EL Öl
Salz, Pfeffer aus der Mühle
2 TL scharfes Paprikapulver
1 EL Tomatenmark
220 ml Rotwein
350 ml Gemüsebrühe
½–1 TL Speisestärke

Für die Kartoffeln:
200 g kleine Kartoffeln (bevorzugt Drillinge)
Salz
2 Zweige Thymian
3–4 EL Öl
Pfeffer aus der Mühle
2–3 Zweige Rosmarin

Für die Pilze:
500 g Pfifferlinge
2 EL Öl
Salz, Pfeffer aus der Mühle
8 cl Weinbrand (nach Belieben)

1. Den Spitzkohl putzen, waschen und vierteln, den harten Strunk entfernen und die Blätter in Streifen schneiden. Den Schnittlauch waschen, trocken schütteln und in Röllchen schneiden. Beides in eine Schüssel geben. Öl mit Essig, Salz, Pfeffer und Zucker verrühren, untermischen und den Salat durchziehen lassen – am besten über Nacht – und zwischendurch umrühren.

2. Das Fleisch in größere Stücke würfeln. Die Zwiebel schälen und würfeln. Die Tomaten oder die Paprika putzen und würfeln.

3. Das Öl sehr heiß werden lassen, das Fleisch dazugeben und rundherum scharf anbraten. Mit Salz und Pfeffer würzen und aus der Pfanne nehmen. Die Zwiebelwürfel in derselben Pfanne braun anbraten, mit dem Paprikapulver würzen, das Tomatenmark dazugeben und leicht anrösten. Mit dem Rotwein ablöschen und aufkochen lassen. Fleisch und Gemüsebrühe dazugeben, nach etwa 20 Minuten Tomaten oder Paprika zugeben, das Fleisch 1 weitere Stunde köcheln lassen, damit es zart wird. Die Speisestärke mit etwas Wasser glatt rühren, in das Gulasch rühren und einmal aufkochen lassen, um die Sauce damit zu binden.

4. Die Kartoffeln waschen und etwa 20 Minuten in Salzwasser kochen. Die Kräuter waschen und trockens chütteln. Die Thymianblättchen abzupfen. Die Kartoffeln in einer Pfanne mit Öl, Salz, Pfeffer und Thymian vermengen, die Rosmarinzweige dazulegen und die Kartoffeln leicht braun anbraten.

5. Die Pfifferlinge putzen. Im heißen Öl kurz anbraten, mit Salz und Pfeffer würzen. Nach Belieben mit dem Weinbrand ablöschen.

6. Das Gulasch auf Teller verteilen, die Pilze als Topping darauf anrichten. Mit Kartoffeln und Spitzkohlsalat servieren.

Törtchen

mit Iberico-Leberwurst

Zutaten für 4 Personen

360 g TK-Blätterteig · 1 Zwiebel
½ Bund Frühlingszwiebeln · 1 EL Öl
300 g hausgemachte Iberico-Leberwurst
(oder andere hausgemachte Leberwurst)
Salz, Pfeffer aus der Mühle · Cayennepfeffer
2 EL Schnittlauchröllchen · 2 EL gehackte Petersilie
1 TL gehackter Majoran
1 TL abgezupfte Thymianblättchen · 1 Eigelb

1. Den Blätterteig auftauen lassen. Die Zwiebel schälen und würfeln. Die Frühlingszwiebeln putzen, waschen und in Ringe schneiden. Den Backofen auf 200 °C vorheizen.

2. Die Zwiebel und die Frühlingszwiebeln im Öl glasig dünsten. Die Leberwurst dazugeben und bei mäßiger Hitze 5 bis 6 Minuten schmoren lassen.

3. Die Zwiebel-Wurst-Mischung mit Salz, Pfeffer und 1 Prise Cayennepfeffer würzen. Die Kräuter untermischen.

4. Den Blätterteig mit 8 Zentimeter Durchmesser ausstechen und vier Backförmchen damit auslegen. Die Leberwurstmasse einfüllen und den Rand der Teigkreise mit Eigelb bestreichen. Die übrigen Blätterteigkreise daraufsetzen und festdrücken. Die Törtchen im Backofen auf der mittleren Schiene etwa 20 Minuten goldgelb backen.

Apfel-Brombeer-Crumble

Zutaten für 4 Personen

300 g Äpfel · 150 g Brombeeren · ½–1 EL Zucker · Zimt

Für die Streusel:
80 g Mehl · 40 g weiche Butter · 50 g Zucker
1 Eigelb (M) · Salz · Vanillezucker

Für die Vanillesahne:
200 g Sahne · Zucker · Vanillezucker

Außerdem:
Fett für die Gläser

1. Den Backofen auf 180 °C Umluft vorheizen. Vier feuerfeste Dessertgefäße einfetten. Die Äpfel schälen, vierteln, entkernen und in Scheiben schneiden. Die Brombeeren verlesen, abbrausen und abtropfen lassen. Äpfel und Brombeeren in einer Schüssel mit Zucker und etwas Zimt bestreuen und alles verrühren. Die Früchte in die Gläser füllen.

2. Für die Streusel Mehl, Butter, Zucker, Eigelb, je 1 Prise Salz und Vanillezucker mit den Händen zu einem krümeligen Teig verkneten. Die Streusel über die Früchte verteilen. Die Dessertgefäße auf der mittleren Schiene im Backofen etwa 30 Minuten backen, je nach gewünschtem Bräunungsgrad der Streusel.

3. Die Sahne steif schlagen, mit Zucker und Vanillezucker nach Geschmack verfeinern. Zum lauwarmen Apfel-Brombeer-Crumble servieren.

Während Katja für den Obstbereich des Gartens verantwortlich ist, sich um die Beeren und „alles Handwerkliche" kümmert, gilt Siljas Leidenschaft dem Landschaftsgarten – hier gibt sie Führungen und arbeitet eng mit dem NABU, dem Naturschutzbund Deutschland, zusammen.

Katja Leendertz

Ein Rückzugsort für seltene Tier- und Pflanzenarten – in einem Naturbiotop am Niederrhein haben zwei Schwestern den grünen Daumen.

Das Erbe des grünen Daumens. Inmitten einer für den Niederrhein typisch agrarwirtschaftlich geprägten Landschaft liegt Traar als nördlicher Stadtteil von Krefeld, im Westen begrenzt von den Niepkuhlen, einer sumpfigen, aus einem Altarm des Rheins entstandenen Niederung, die heute ein wertvolles Naturbiotop ist.

„Wir haben nicht nur das Erbe als Hüterinnen des Parks übernommen, sondern auch den grünen Daumen."

Hier führt Katja Leendertz mit ihrer Schwester Silja den Heilmannshof – gemeinsam betreiben sie schon in vierter Generation den fünfeinhalb Hektar großen Landschaftspark samt Agrarflächen, angelegt um 1860 durch die Familie Heilmann und 1880 durch Heirat an Familie Leendertz übergegangen. Neben Katja und ihrer Tante Sybille sowie ihrer Tochter Nina Maria samt Mann Sebastian und Tochter Philippa lebt Silja mit ihrem Mann Thomas, Sohn Aurel und dessen Freundin Clara auf dem Hof. In den 1980er-Jahren haben sie den Hof von ihrem Vater übernommen, doch sie haben nicht nur das Erbe als Hüterinnen des Parks angetreten, sondern vor allem den grünen Daumen geerbt, der für Verständnis und Pflege dieser einzigartigen Natur so unabdingbar ist.

Obst und Gemüse für den Hofladen. Mit der Übernahme hat sich im Leben der Schwestern wie auf dem Hof einiges verändert, denn für beide stand fest, den Obstbaubetrieb, seinerzeit acht Hektar, möglichst bald auf biologischen Anbau umzustellen. 1989 haben sie dieses Ziel in die Tat umgesetzt, zunächst im Demeter-zertifizierten Obstgarten, dann auch in der 2003 hinzugekommenen Gemüsegärtnerei. Der Gemüseanbau ist seit einiger Zeit verpachtet, ein Teil an eine solidarische Landwirtschaft, der andere an einen Gemüsegärtner. Selbst angebautes Obst sowie das Gemüse vom Hof werden von Katja und Silja seit 1993 im Hofladen Heilmannshof, einem von zwei Hofläden in Krefeld, die frisches Obst und Gemüse aus hofeigenem Anbau im Sortiment haben, verkauft. Auch Honig aus der Imkerei im Landschaftspark gibt es hier, das Sortiment vervollständigen einige andere Betriebe des Vereins „Bio-Region Niederrhein", mit dessen Erzeugern sich die Schwestern zusammengeschlossen haben.

Vom Hüten eines einzigartigen Biotops. Neben dem Hofladen liegt der Tätigkeitsschwerpunkt der Schwestern auf der Erhaltung des Landschaftsparks. Dieser weist eine regional einzigartige und stadtnahe Verbindung von Bruchwald, Gewässer und Parkanlage auf und ist zum Rückzugsgebiet seltener Tier- und Pflanzenarten geworden. Seit 1999 stehen Park und Hofgebäude unter Denkmalschutz und die Schwestern bewahren beider Erbe. Um die vielfältigen Möglichkeiten des Geländes für eine größere Zahl von Menschen zu öffnen, werden sie dabei inzwischen von einem gemeinnützigen Verein unterstützt. Drei Hektar Wasser gehören zum idyllisch und verwunschen anmutenden Anwesen. Am Ufer der Niepkuhlen brütet beispielsweise der schützenswerte Eisvogel in der für ihn vom Verein errichteten Eisvogelwand. Doch nicht nur die Fauna findet hier einen paradiesischen Rückzugsort, im gesamten Park sowie speziell im Arboretum, einer Baumsammlung, wachsen und gedeihen Hunderte teils exotische sowie seltene Baum- und Straucharten.

Aktiver Pflanzen- und Tierschutz sowie der schonende und nachhaltige Umgang mit natürlichen Ressourcen haben bei Familie Leenertz Tradition – mögen viele weitere Generationen mit grünem Daumen folgen.

Flambierter Ziegenkäse

mit Walnüssen an Blattsalat

Zutaten für 4 Personen

Für den Salat:
1 Kopf Blattsalat oder gemischte Blattsalate
6 Radieschen
1 Handvoll geröstete, klein gehackte Walnusskerne
8 Scheiben Ziegenfrischkäse
2 EL flüssiger Honig

Für die Vinaigrette:
4 EL Rapsöl
1 EL Walnussöl
1 EL Weißweinessig
1 TL Dijonsenf
Honig
2 EL Schnittlauchröllchen

1. Den Salat putzen, waschen und trocken schütteln. In mundgerechte Stücke zupfen und auf Tellern anrichten. Die Radieschen putzen, waschen und in Scheiben schneiden. Über dem Salat verteilen. Den Ziegenfrischkäse auf den Salat setzen und die Walnüsse darüberstreuen.

2. Für die Vinaigrette beide Öle mit Essig, Senf und etwas Honig verrühren. Die Schnittlauchröllchen untermischen und das Dressing über dem Salat verteilen.

3. Kurz vor dem Servieren den Honig auf den Ziegenkäsescheiben verteilen und nur kurz flambieren, bis der Käse eine leichte Bräunung bekommt. Vorsicht, er wird schnell zu dunkel!

Pizza aus dem Steinofen

à la Corconne

Zutaten für ca. 16 kleine Pizzen

Für den Teig:
1 kg Mehl (Type 550)
1 Päckchen Trockenhefe
6 EL Olivenöl
3 TL Salz
3 TL Zucker

Für die Sauce:
500 ml Passata
200 g Tomatenmark
Salz, Pfeffer aus der Mühle
Oregano (frisch oder getrocknet)

Für den Belag:
nach Belieben (z. B. Paprikastreifen, Zwiebelringe, Champignonscheiben, Kapern, Oliven)
Mozzarella
grob geriebener Gouda

1. Aus Mehl, Trockenhefe, 500 ml lauwarmem Wasser, Olivenöl, Salz und Zucker einen Hefeteig kneten und mindestens 3 Stunden oder über Nacht gehen lassen.

2. Den Steinofen auf 300 °C vorheizen. Den Teig nochmal durchkneten und daraus 16 kleine Kugeln formen. Die Kugeln dünn ausrollen.

3. Für die Sauce die Passata mit dem Tomatenmark verrühren. Mit Salz, Pfeffer und Oregano kräftig würzen und dünn auf den Pizzen verteilen.

4. Die Pizzen mit Zutaten nach Wahl belegen und mit Käse bestreuen. Im heißen Steinofen etwa 3 bis 4 Minuten backen. Nach dem Backen mit Oregano bestreuen und sofort genießen.

Tipp:
Das Pizzabacken im Steinofen haben wir auf unserem Lieblingscampingplatz im französischen Corconne kennengelernt. Wir besitzen seitdem auch einen Steinofen, in dem wir etwa 2 Stunden vor dem Backen ein Feuer anzünden. Wenn das Feuer heruntergebrannt ist, wird die Glut nach hinten geschoben und im vorderen Bereich gebacken. Unsere Temperaturprobe: Die Hand in den Backraum halten und Missisippi sagen. Wenn man schon das erste Missisippi nicht aushalten kann, ist es zu heiß, wenn es dreimal hintereinander geht, ist es zu kalt. Zweimal ist perfekt.

Frische Beeren, knusprige Cantucccini und cremiger Mascarpone ergänzen sich hier perfekt in einem schmackhaften Dessert.

Beeren-Mascarpone-Creme

mit Mandel-Cantuccini

Zutaten für 4 Personen

350 g gemischte Beeren (frisch oder tiefgekühlt)
100 g Cantuccini mit Mandeln
100 g Sahne
250 g Mascarpone
150 g Joghurt
Saft und abgeriebene Schale von ½ Biozitrone
1 Päckchen Vanillezucker
ca. 3 EL Cassis-Sirup
brauner Rohrohrzucker

1. Frische Beeren verlesen, putzen, waschen, und gegebenenfalls in kleine Stücke schneiden. Tiefkühlbeeren auftauen lassen. Die Cantuccini in einen Gefrierbeutel füllen und mit dem Nudelholz zerkleinern.

2. Für die Creme die Sahne steif schlagen. Die Mascarpone mit Joghurt, Zitronensaft, Zitronenschale und Vanillezucker cremig rühren. Die Sahne unterheben und die Creme nach Geschmack süßen.

3. Die Beeren auf Schälchen verteilen. Die Cantuccini darüberstreuen und mit Cassis-Sirup beträufeln. Die Creme darauf verteilen. Die Beeren-Mascarpone-Creme für mindesten 3 Stunden in den Kühlschrank stellen. Kurz vor dem Servieren mit braunem Zucker bestreuen.

Kurz vorgestellt

Diese Landfrauen und -männer aus Nordrhein-Westfalen lieben das Leben auf dem Land ebenso wie die Küche ihrer Heimat. Aus diesem Grund haben die 26 Landwirt*innen sich entschieden, nicht nur ihre Betriebe, sondern auch die eigenen Kochkünste von ihrer besten Seite zu zeigen – und dazu tolle Drei-Gänge-Menüs gezaubert, von außergewöhnlich bis typisch lokal. Hier gibt es einen Überblick über die Köch*innen und ihre Rezepte.

Annika Ahlers

Vinckenweg 30
48351 Everswinkel
info@erklaerbauer.de
erklaerbauer.de

Die Erklärbäuerin aus dem Münsterland

TV-Menü: Quinoa-Rote-Bete-Salat mit Feta und Walnüssen / Grünkernwaffeln an zweierlei Kartoffelpüree mit Apfelmus und Schmandhaube / Herrencreme nach Papas Art

Georg Glitz-Ehringhausen

Ehringhauser Weg 2
59368 Werne
Tel. 0 23 89/23 63
info@brennerei-ehrinhgausen.de
brennerei-ehringhausen.de

Der Kornbrenner aus dem südlichen Münsterland

TV-Menü: Carpaccio vom Jungbullen mit Zitronengeist-Vinaigrette / Ragù alla bolognese vom Rehwild mit Spaghetti / Parfait aus Orangen-Eierlikör mit Zwetschgenkompott

Dorothee Dingebauer

Schüttwich 19
46487 Wesel
Tel. 0 28 59/17 02 11
info@hausboot-niederrhein.de
www.hausboot-niederrhein.de

Die Hausbootbetreiberin vom Niederrhein

TV-Menü: Tatar vom Hofrind mit Focaccia / Spargelsalat mit Eiervinaigrette und Heidemilchkäse / Gebratenes Zanderfilet mit Ofengemüse und Perlgraupen / Vanillekuchen mit Erdbeereis und Mascarpone-Vanille-Creme

Ben Siegmund

An den Teichen 40
32049 Herford
Tel. 0 52 21/1 20 26 40
office@teichhofschmiede.de
www.teichhofschmiede.de

Der Heidelbeerbauer aus Ostwestfalen-Lippe

TV-Menü: Gefüllte Datteln mit Walnusskrönchen / Lammracks mit Kräuterkruste an Portweinsauce und kanarische Kartoffeln / Gefüllte Champignons mit Kräuter-Schafskäse in Tomatensauce / Geschichtete westfälische Stippmilch

Lukas Tölkes

Zum Fussberg 1
53809 Ruppichteroth
Tel. 0 22 95/9 29 93 56
kontakt@gutfussberg.de
www.gutfussberg.de

Der Hanfbauer aus dem Rhein-Sieg-Kreis

TV-Menü: Quiche mit Wildkräutern aus dem Dutch Oven / Hähnchen aus der Erdgrube mit Einkornrisotto / Geräuchertes Eis mit bergischen Waffeln

Dunja Berendsen

Altwettener-Weg 12
47625 Kevelaer
Tel. 0 15 14/4 52 09 41
info@naturhof-kevelaer.de
www.naturhof-kevelaer.de

Die Schäferin aus dem Ruhrgebiet

TV-Menü: Allgäuer Seelen à la Naturhof / Lammcurry mit Dal und Basmatiries / Oma Ernestines französische Schokotarte

Patrick Balster

Buxfort 8a
59379 Selm
Tel. 0 25 92/9 19 93 00
info@balsters-premium-wagyu.de
www.balsters-premium-wagyu.de

Der Wagyu-Züchter aus dem Münsterland

TV-Menü: Dreierlei vom Wagyu-Rind / Tafelspitz und Roulade vom Wagyu-Rind / Pfirsich Melba mit Smoothie à la Paul

Anja Pötting

Cerisy-Platz 2
33154 Salzkotten-Scharmede
Tel. 0 52 58/2 10 96 93
info@vausshof.de
www.vausshof.de

Die Biolandwirtin aus Ostwestfalen-Lippe

TV-Menü: Gemüse und Vauß-Klopse mit zweierlei Dips / Potthast aus der marokkanischen Tajine mit Salat und Minze-Dip / Apfel-Walnuss-Cupcakes mit Apfel-Ingwer-Sorbet

Manuela Zimmermann

Im Thal Windeck 21
51570 Windeck
Tel. 01 75/2 15 48 61
mgoebel-westernreiten@gmx.de
www.erlebnisse-mit-kaltbluetern.de

Die Holzrückerin aus dem Windecker Ländchen

TV-Menü: Zucchiniküchlein mit Kräuterquark / Rehrücken aus dem Dutch Oven mit Sommersalat und Rosmarinkartoffeln / Blaubeerparfait mit Pistazien

Katharina Nowicki-Heßmann

Heustraße 19
57392 Schmallenberg
Tel. 0 29 74/2 49
post@birkenhof-nowicki.de
www.birkenhof-erleben.de

Die Ferienhofbetreiberin aus dem Sauerland

TV-Menü: Schmallenberger Häppchen / Rindergulasch mit Kartoffelschaum / Apfelkuchen mit Mandeldecke und Mandel-Nuss-Ecken

Sarah Küper

Nordcharweg 51
45657 Recklinghausen
Tel. 01 52/58 40 67 30
trueffelwerk@gmail.com
www.trueffelwerk-recklinghausen.de

Die Edelpilzzüchterin aus dem Ruhrgebiet

TV-Menü: Austernpilzcremesuppe mit Trüffelbrot / Wildschweinbraten mit Kartoffelbaumkuchen, knusprigen Seitlingen und Salat / Schwedischer Schokokuchen nach westfälischer Art mit Vanilleeis aus Wachtelei

Martin Riffelmann

An der Gleier 47
57392 Schmallenberg
Tel. 01 51/70 08 41 11
info@riffelmanns.de
riffelmanns.de

Der Senfmüller aus dem Hochsauerland

TV-Menü: Senfsuppe mit Roter Bete und Brot mit Omas Hanfbutter / Wildschweinkeule mit Honig-Senf-Kruste auf Rosmarinkartoffeln, Speckbohnen und Salat / Birnen-Senf-Sorbet

Sonja Girndt

Littardweg 77c
47506 Neukirchen-Vluyn
Tel. 0 28 45/3 95 49 05
info@zur-lachenden-ziege.de
www.zur-lachenden-ziege.de

Die Ziegenflüsterin vom Niederrhein

TV-Menü: Baguettehappen mit Frischkäse und Schinken / Gefüllter Zickleinbraten mit Gartengemüse / Apfeltiramisu mit Ziegenquark

Gregor Keller

Markfelderstraße 32
45711 Datteln
Tel. 0 23 63/36 12 88
info@gartenmagie-keller.de
www.kraeutermagiekeller.de

Der Biogärtner aus dem Ruhrgebiet

TV-Menü: Viererlei Kräuterbutter mit Baguette / Lammkeule in Kräutermarinade mit Gemüse, Pommes und Salat / Feigentraum mit Erdmandelcrunch

Kate Jacobi

Mühlentor 23
34434 Borgentreich
Tel. 0 56 43/2 27
kontakt@biohof-jacobi.de
www.biohof-jacobi.de

Die Biobäuerin aus der Warburger Börde

TV-Menü: Brat-Mozza auf Bauernbrot / Kalbsinvoltini mit Käse, glasierten Möhren und Kartoffelpüree / Crumble aus Johannisbeeren mit selbst gemachter Eiscreme

Sebastian Klein

Am Brunnen 8
51580 Reichshof-Fürken
Tel. 0 15 90/1 45 90 64
imkerei@authentico.de
authentico.de

Der Imker aus dem Bergischen Land

TV-Menü: Ziegenkäse im Blätterteigmantel / Lammkeule mit Honig-Knoblauch-Kruste, Kohlrabistiften und Salzkartoffeln / Vanille-Honig-Eiscreme mit Thymian

Petra Balster-Spinne

Buxfort 9–11
59379 Selm
Tel. 0 25 92/97 34 24
info@hof-spinne.de
hof-spinne.de

Die Bauernhofpädagogin aus dem Münsterland

TV-Menü: Eiersalat mit Wagyu-Bacon auf Wildkräutersalat mit Wildkräuterbutterbrot / Pulled Chicken aus dem Lehm auf Nudelnestern mit Gemüse / Gefüllte Pfannkuchen mit Eierlikörcreme und Nusseis

Eyke Pahmeyer

Büttendorfer Straße 214
32609 Hüllhorst
Tel. 01 71/58 69 54 2
biohof@wiehenglueck.de
www.wiehenglueck.de

Der Viehzüchter aus Ostwestfalen-Lippe

TV-Menü: Schwarzbrotvariationen mit Eieraufstrich, Brennnesselbutter, Schinken und Salami / Lackiertes Roastbeef mit Speckbohnen, Drillingen und Wildkräutersalat / Duett aus Mousse mit süßem Kräuterpesto

Nicole Nassiry

Dörriesstraße 4
53894 Mechernich-Vussem
Tel. 01 63/5 00 01 45
hofladen@sanden.org
eifelhofladen.de
www.wohnverbund-sanden.de

Die Inklusionslandwirtin aus der Eifel

TV-Menü: Wurst-Duo vom Grill / Bœuf bourguignon mit Bratkartoffeln Eifeler Art / Eierlikörparfait mit Fruchtspiegel

Benedikt Böcker

Westrup 10 · 59348 Lüdinghausen
Tel. 0 25 91/9 15 60
info@boecker-forstmannshof.de
www.forstmannshof.de
www.vennmoor.com

Der Spargel- und Beerenbauer aus dem Münsterland

TV-Menü: Brottürmchen mit Camembertcreme / Gebratener Rehrücken mit Kartoffel-Kräuter-Püree und karamellisierten Möhren / Crème brûlée auf Himbeerspiegel

Mark Junglas

Zum Stöcker Hof 100
57258 Freudenberg-Plittershagen
Tel. 0 27 34/4 36 91 00
info@hofgut-stoecken.de
www.hofgut-stoecken.de

Der Metzger aus Südwestfalen

TV-Menü: Frühlingsrollen mit Hack vom Stöckerrind / Dreierlei vom Stöckerrind: Ribs, Kroketten und Filet / Kaiserschmarrn mit Erdbeereis und Rhabarbersößchen

Ilona Kuhnen

Weberstraße 12
53332 Bornheim-Rösberg
Tel. 0 22 27/93 14 18
info@ziegenhof-roesberg.de
ziegenhof-roesberg.de

Die Ziegenbäuerin aus dem Rheinland

TV-Menü: Sommersalat aus dem Garten mit Radieschenvinaigrette / Zickleinragout mit hausgemachten Bandnudeln / Blaubeertiramisu mit Ziegenjoghurtcreme

Martin Döring

Kuhport 9
46487 Wesel
mbd@auenbueffel.de
auenbueffel.de

Der Wasserbüffelzüchter vom Niederrhein

TV-Menü: Weißer Spargel von der Grillplatte mit Baguette nach Omas Art / Wasserbüffel von der Grillplatte mit Drillingen aus der Pfanne / Gegrillte Obsttütchen mit hausgemachtem Vanilleeis

Marie Woeste

Woeste 10
58515 Lüdenscheid
Tel. 01 78/8 85 83 84
info@hof-woeste.de
www.hof-woeste.de

Die Ökobäuerin aus dem Sauerland

TV-Menü: Wildkräuterquiches an Tomatensalat mit Löwenzahnkapern / Gedämpfte Hähnchenbrust mit Ofenkartoffeln, bunten Möhrchen und Gartensalat / Kompott vom japanischen Knöterich mit Sahne-Joghurt-Eis und Muttis Waffeln

Nikolas Weber

Schuirweg 61
45133 Essen
Tel. 02 01/49 15 19
info@oberschuirshof.de
www.oberschuirshof.de

Der Iberico-Schweinezüchter aus dem Ruhrgebiet

TV-Menü: Törtchen mit Iberico-Leberwurst / Iberico-Gulasch mit Pfifferlingen und Spitzkohlsalat / Apfel-Brombeer-Crumble

Katja Leendertz

Maria-Sohmann-Straße 93
47802 Krefeld-Traar
Tel. 0 21 51/56 04 10
laden@heilmannshof.com
www.heilmannshof.com

Die Bioobstbäuerin vom Niederrhein

TV-Menü: Flambierter Ziegenkäse mit Walnüssen an Blattsalat / Pizza aus dem Steinofen à la Corconne / Beeren-Mascarpone-Creme mit Mandel-Cantuccini

F

G

H

I

ZU DEN LANDFRAUEN UND -MÄNNERN

Sie haben eine klassische landwirtschaftliche Ausbildung, sind Hauswirtschaftler*innen, studierte Ökotropholog*innen oder Quereinsteiger*innen aus Berufung, dafür mit Leib und Seele. Ob sie nun Käse produzieren, Hühner, Schweine, Schafe oder Rinder züchten, Obst, Gemüse oder Hanf anbauen: Die Landfrauen und -männer aus Nordrhein-Westfalen sind weit entfernt von den klassischen Bauernhofklischees. Ganz im Gegenteil: Die Unternehmer*innen sind selbstbewusst und modern, kreativ und die besten Protagonist*innen für den Landleben-Trend.

Weitere Bücher der Landfrauen:

- Land & lecker, Band 4
- Land & lecker – das Jubiläumsbuch

FOOD FOTOS

Im Buch enthaltene Fotos können zur eigenen Nutzung erworben werden unter ***www.stockfood.de***

IMPRESSUM

Hinter jedem tollen Buch steckt ein starkes Team

Projektleitung: *Rebecca Angerer*
Texte: *Ulrike Kraus*
Vorwort: *Helma Potthoff, WDR*
Lektorat: *Christiane Kührt*
Grafische Gestaltung und Satz: *Julia Arzberger*
Foodfotografie: *Maria Grossmann, Monika Schuerle*
Foodstyling: *Lukas Grossmann*
Porträt- & Landschaftsfotografie: *Melanie Grande (andere siehe Bildnachweis)*
Herstellung: *Frank Jansen*
Producing: *Jan Russok*
Druck & Bindung: *optimal media GmbH, Röbel*

Für das WDR Fernsehen wird die Sendereihe Land & lecker von megaherz GmbH hergestellt unter der Projektleitung von Guido Niebuhr.
Redaktion im WDR: Helma Potthoff

Nach einer Idee und basierend auf dem Konzept „Landfrauenküche“ des Schweizer Fernsehens.

1. Auflage 2022
© 2022 Edel Verlagsgruppe GmbH
Kaiserstraße 14 b
D-80801 München
ISBN: 978-3-96584-259-5

BILDNACHWEIS

Stockfood: Doris Oberfrank-List: Cover o.; Eugene Kovalchuk: S. 7 o.; Ewa Studio: S. 110; giedre vaitekune: S. 111 o.; Kebal Oleksandra: S. 80; krolya25: S. 7 u.r.; Mashha; S. 6; SalimoFF: S. 111 u.r.; spacezerocom: S. 111 u.l.

LIEBE LESER*INNEN

wie schön, dass Sie ein Buch von ZS in den Händen halten. „jetzt leben!“ ist das Motto unseres Verlages. Es steht für Genuss und Inspiration, Unterstützung und Motivation. Ob Kulinarik oder Fitness, Gesundheit oder Lebenshilfe – seit über 30 Jahren bieten wir kompetente Ratgeber für (fast) alle Lebenslagen. Wir lieben Tradition genauso wie Innovation – sie treiben uns an. Unsere Autor*innen sind Menschen, die zu ihrem Thema wirklich etwas zu sagen und zu schreiben haben. Unsere Produkte sind erzählerisch, appetitmachend und als gedruckte Bücher haptisch echte Erlebnisse. Für Sie mit ganz viel Liebe gemacht! Entdecken Sie mehr aus unserer wunderbaren Welt!

UNSER VERLAGSHAUS

Mit Standorten in München, Hamburg und Berlin zählt die Edel Verlagsgruppe zu den größten unabhängigen Buchanbietern Deutschlands. Zur Edel Verlagsgruppe gehört unter anderem ZS mit seinen Lizenzmarken Dr. Oetker Verlag, Kochen & Genießen und Phaidon by ZS.

ZS – Ein Verlag der Edel Verlagsgruppe
www.zsverlag.de
www.facebook.com/zsverlag
www.instagram.com/zsverlag

FÜR DIE UMWELT

ZS unterstützt bei der Produktion dieses Buches das Projekt „Junge Riesen für die nächsten 100 Jahre“ im Naturpark Nossentiner/Schwinzer Heide. Damit wird ein Anteil der unvermeidbaren CO_2-Emissionen im direkten Umfeld des Produktionsstandortes kompensiert.

PARTNER
Naturpark Nossentiner / Schwinzer Heide
www.optimal-media.com/naturschutzprojekt-001

NEWSLETTER

Was koche ich denn heute Feines? Und wie geht das nochmal – schmackhaft und gleichzeitig gesund?

Mit dem ZS Newsletter keine kulinarischen und gesundheitlichen Trends mehr verpassen und immer auf dem neuesten Stand bleiben. Wir informieren regelmäßig über unsere Neuerscheinungen, Aktionen oder Gewinnspiele und verraten unsere Lieblingsrezepte!

Jetzt anmelden unter: ANMELDEN!
www.zsverlag.de/newsletter

GEWINNEN

Unter allen Neuabonnierenden verlosen wir jeden Monat *eine Gesundheits-* oder *Koch-Box* von ZS.